新基础教育

学生成长

学校变革

生命自觉

成事成人

玉汝于成 律己达人

一所深圳城中村小学的蝶变

王婷　张静慧　曹岭红　◎主编

北京大学出版社
PEKING UNIVERSITY PRESS

图书在版编目（CIP）数据

玉汝于成 律己达人：一所深圳城中村小学的蝶变 / 王婷，张静慧，曹岭红主编．—北京：北京大学出版社，2020.11

ISBN 978-7-301-31832-4

Ⅰ．①玉… Ⅱ．①王… ②张… ③曹… Ⅲ．①小学—学校管理—研究—深圳 Ⅳ．① G627

中国版本图书馆 CIP 数据核字 (2020) 第 218134 号

书　　名	玉汝于成　律己达人：一所深圳城中村小学的蝶变 YURUYUCHENG　LÜJIDAREN：YISUO SHENZHEN CHENGZHONGCUN XIAOXUE DE DIEBIAN
著作责任者	王　婷　张静慧　曹岭红　主编
责任编辑	吕　正
标准书号	ISBN 978-7-301-31832-4
出版发行	北京大学出版社
地　　址	北京市海淀区成府路 205 号　100871
网　　址	http://www.pup.cn　　新浪微博：@ 北京大学出版社
电子信箱	sdyy_2005@126.com
电　　话	邮购部 010-62752015　发行部 010-62750672　编辑部 021-62071998
印 刷 者	北京虎彩文化传播有限公司
经 销 者	新华书店
	720 毫米 ×1020 毫米　16 开本　10 印张　157 千字
	2020 年 11 月第 1 版　2020 年 11 月第 1 次印刷
定　　价	49.00 元

青春的力，新玉的美（代序）

这本书有其特殊的气质。在众多研究教育的出版物中，这本书能协同回答很多重要的问题。

例如，一所基础薄弱的学校，可以实现怎样的发展？许许多多的著作都会给出各类有意义的回答，而玉律小学所给出的，是通过整体转型实现学校发展，如玉之新生一般，虽历经艰难困苦，但美玉可成。在这本书中，我们就能读到校长及教师如何认识、理解学校的整体转型而非单项变革，如何理解理论与实践的双向互动而非割裂，如何促成文化与制度的动态生成而非静滞不变。每一所学校都有其精彩，都以其独特而存在。玉律小学在此阶段的发展，是在“新基础教育”研究中实现的，在一天天的努力、一个个的探索中实现的，在不断的发展自觉中实现的。玉律小学的变革与发展，呈现着学校变革之“道”；其中的艰难困苦，成就了今天的玉律小学，也将继续成就持续不断的创造之美。

再如，来自进城务工家庭的孩子们，可以接受怎样的教育？很多读者也许会因为该所学校地处深圳，就自然而然地理解为：学生的家庭应该是很富裕的，学生的家长应该是很有社会经济地位的。其实，每一类学生都有其成长需要，更有其成长之美。玉律小学的学生，绝大多数都来自于进城务工随迁家庭，他们的家长往往就在学校旁边的工厂里上班，他们可能就住在村里的出租屋。但这毫不妨碍这群学生呈现纯真、可爱、上进、成长之美！在玉律小学的课堂上、班队会中，在玉律小学的校园里、社区中，在玉律小学的歌声中、绘画里，因为吸纳了学校教育的力量，孩子们变得更美、更聪明、更富有生机与活力。这是如何做到的？内在的事理是什么？也许，很多有关学校的著作会回答这一问题，而玉律小学的回答，不容忽视，值得珍视。

又如，在每一天的日常工作中，教师的发展能达到怎样的境界？玉律小学原有的发展基础并不厚实，发展平台并不大，但最值得信任的力量，还是来自对人性的信任，来自对教师发展的支持。玉律小学的教师们认同研究性变革实践的价值，并在多类型的专业组织建设和高品质的教研活动中合作共生、协同发展；校长、学生和家长因为有着直接的成果体验，更加支持和推崇这样的教师发展方式，也在通过学校文化与组织制度变革全力保障着教师发展。通过这本书，读者能读到一所学校真实的变革过程是如何体现成事成人相统一的，是如何将学校变革的综合性与教师成长的复杂性相融通的，是如何实现不同学科、不同年级、不同领域的教师发展相互玉成的。玉律小学的教师和全国千万所学校的教师一样，有着发展的愿望，更有着发展的实践力，有着鲜明的生命之美。

一本书的写作、出版，也许并不仅仅是为了回答若干问题，而更在于作者们的生命体验与读者们的生命体悟之间的共鸣。玉律小学与许许多多的学校是相似的，因此，读者在读这本书时，一定会有更丰富、深切的理解。而我对于玉律小学的校长、教师和学生，不仅非常熟悉，由于多年以来一起合作、一起努力、一起体验学校发展历程，读这本书，就像是在和本书的作者和书中的人物一起回顾、品味、向往。

一本书出版后，会留给读者无限的阅读、思考、想象、再创造的空间。无论我们是处于怎样发展条件下的校长、教师、家长和学生，无论我们是实践研究者还是理论研究者，这本书都在提示我们：有这样的学校、这样的学校发展、这样的学校教育者；也在向我们提问：如何形成中国教育改革的新局面？如何创生教育研究的新成果？如何提升教师、学生、家长发展的新境界？

再次致敬每位中国教育改革与发展中的创造者！致敬创造教育之真、善、美的勇敢者！

李家成
华东师范大学“生命·实践”教育学研究院研究员
上海终身教育研究院执行副院长
2020年5月4日

第一章

以史为镜，展望美玉文化新生

第一节　回望历程，梳理学校优良传统

《少室山房笔丛·九流绪论上》曰：“儒主传统翼教，而硕士名贤之训附之。”《尚书·旅獒》亦云：“夙夜罔或不勤，不矜细行，终累大德。”这些经典中的圣贤之言均表明学校教育要发挥“育人”价值，必须植根于具有学校优良传统的文化土壤，它是一所学校经过长期发展，不断积淀形成的价值体系共识，只有学校师生共同处于该价值体系中，教育的目的才能真正得以实现。

同时，由于学校文化及其产生的力量是学校核心竞争力的重要基础，要想实现学校品位的不断提升、学校品牌的持续发展，就要在坚守学校优良传统的基础上完善、变革与创新，不断提升学校文化、积极探索新的思路、寻求适合的发展策略。

一、回望往昔

玉律小学的前身是1937年春开办的玉律学堂，至今已走过83个年头。学校建立之初，教学内容科学完备，秩序正规，学生有统一的课本，并组建了童子军。1949年10月，宝安县和平解放，人民政府接管后，修缮了原有校舍，取校名为“玉律小学”，由农民协会委任曾树安为校长，办起了四年制的学校，后逐年增级至六年制完全小学。

1954年，学校转为公办，全体“玉小人”遵照党的教育方针，按教育部颁布的教学计划、教学大纲、统编教材开展教育教学工作。在上级部门的正确领导以及村干部和群众的大力支持下，学校的教育工作坚持党的教育方针，以教学为中心，在思想政治教育制度化的基础上，全面进行教学改革。得益于师资质量的提高，以及全体“玉小人”的认真负责，学校每年的升学率均列深圳松岗地区（包括松岗、公明、光明农场）各类农村小学榜首。由于全体“玉小人”用实际行动践行内心对教育的热爱与理解，玉律小学形成了学生勤学、教师敬业的优良传统。

二、因势而变

改革开放后，中国面临前所未有的发展，出现了历史发展的重要转折，而玉律小学所处的地区作为改革开放的前沿区域，改革开放令这片边陲渔村压抑已久的生产力得以解放，到处充满活力与激情。在这一背景下，社会的转型发展必然要求教育改革向纵深发展。教育千事、万事归于“一事”，即培养出能把握自身命运、具有时代发展敏感性和社会责任感、能创造中国未来的新生代力量。这也促使玉律小学的教师们在继承优良传统的基础上产生新的思考：在不同的社会发展阶段，在不同的社会变革时期，面对社会转型的飞速发展，基于对学校教育的新认识以及对教育的新需求，玉律小学这样一所“村小”如何在优良传统上进行自我雕琢，实现自觉变革，实现整体转型。2014年，在王婷校长的带领下，玉律小学的教师们在学校的整体转型与探索方面交出了自己的答卷。

2014年7月，玉律小学在华东师范大学专家的引领下，加入“新基础教育”

改革，开始了学校的整体转型之路。在“新基础教育”理念的指导下，全体“玉小人”积极探索与实践，用“新基础教育”的理念逐步改变学校的一切教育活动，梳理学校的优良传统。

三、美玉为媒

孔子曰：“言念君子，温其如玉”，“昔者君子比德于玉焉，温润而泽，仁也。”这证明，在古代，玉代表了君子的精神品质。同时，中国人正是用玉来形容一切美好的事物，如“有匪君子，如切如磋，如琢如磨”的制玉过程正如同教育，将一块块顽石，经过切磋琢磨，雕琢成美玉。

因而，玉律小学提炼出以“美玉”为名的学校核心文化，它是学校教育生活的“灵魂”，使师生共同成长，转型突破，逐渐绽放美玉光芒。经过四个阶段的整体转型与实践变革，玉律小学从一所“璞玉村小”，成长与超越生成为光明区一所闪亮的“美玉”小学，学校“勤学敬业”的优良传统成为校园核心文化的基调。在核心文化引领下，“玉小人”一起创造美、感受美，在“美”中不断成长。

第二节　立足基底，提炼学校精神特质

《辞海》中关于“校训”的释义为：“学校为训育上之便利，选若干德目制成匾额，悬之校之公见之地，是校训，其目的在于使个人随时注意而实践之。”因此，校训是一所学校的灵魂与精神特质，反映了学校的办学宗旨，是一所学校教风、学风、校风的集中表现；同时，校训作为一所学校师生共同遵守的基本行为准则与道德规范，能够激励和劝勉在校全体师生，是学校育人价值体系中不可或缺的部分。

一、立足基底

玉律小学位于深圳市光明区的郊区，而光明区又地处深圳市西北部偏远区域，可以说，玉律小学就是一所处于繁华都市边缘、原生态、被农民房包围的“城中村”小学，学校共有30个教学班，其中，劳务工子女占比高达92.7%。这些学生多数来自广东以外的地区，五湖四海的学生聚集在一起，他们的家庭教育背景以及学前教育背景不同，教育基础参差不齐，观念与行为、文化与价值观也存在差异。

虽然深圳是一个包容性极强的城市，经济与科技的快速发展为家庭与学生的学习力提升提供了有利条件，但是，玉律小学在提炼学校精神特质时面临的情况却是：一方面，大部分学生的家庭教育背景直接导致他们学前接受教育的“单一性”，这种学前生活的缺乏往往造成他们在校园生活中不懂参与、不会交往、不愿表达；另一方面，学生们在此前的日常生活和学习中也受到外界丰富资讯的冲击，非常渴望参与校园丰富多彩的活动，但却往往由于各种原因无法实现。

二、璞玉新生

面对以上情况与学生对自我主动发展的需求，玉律小学需要提炼出集“做人、育人、成人”三位一体的教育哲学追求与“修身”规范，通过结合玉律村的文化历史背景、学校的办学理念以及学生的培养目标，教师们集思广益，提出了“ 律己达人，玉汝于成”的学校校训。“玉汝于成”，意为教育犹如琢玉，把学生这块“璞玉”精心雕琢成一块美玉，使其学会做事，学会做人，达到成事成人，臻于成功；“律己达人”，意为自律自强，做一个通达事理、豁达海涵，有生命自觉的人。2014年12月，华东师范大学叶澜教授到玉律小学进行调研时，将校训调整为“玉汝于成，律己达人”。

至此，玉律小学的新校训得以确定，成为全体“玉小人”的精神特质与共同追求。随着“玉汝于成，律己达人”逐渐成为全体师生共同发展的理想目标，玉律小学以“变普及为特长，变特长为特色”为路径，引领学生传承中华优秀传统“玉”文化，在多年的实践中，提炼出了玉律小学艺术教育的“律文化”，即

“艺术习律”——创建焕发成长活力的全纳课堂；“艺术韵律”——开展培养兴趣专长的特色社团；“艺术节律”——创建充满艺术气息的学校生活，全方位营造“玉汝于成，律己达人”的氛围，全面提升学生艺术素养。

三、美育新色

2018年9月，光明区建设世界一流科学城和深圳北部中心的宏伟蓝图正式确立；2019年8月，《中共中央国务院关于支持深圳建设中国特色社会主义先行示范区的意见》正式出台，深圳市迎来了新时期的重大发展机遇，将举全市之力建设中国特色社会主义先行示范区。玉律小学也因此迎来了前所未有的重大发展机遇。

在如此重大发展机遇面前，“乘势而上、新征程、新天地”将是玉律小学不断推进初中部建设，实现九年一贯制学校整体发展的新思路；“玉汝于成，律己达人”的校训将成为玉律小学特色品牌强校的坚定举措，玉律小学全体师生正砥砺前行，从更新生存方式，到制度重建、文化重塑以及日常管理，逐步成事成人。

第三节　实践探索，升华学校办学理念

《礼记·大学》云：“苟日新，日日新，又日新。”办学理念不是一成不变的，应与时代背景、不同时期的教育发展要求相对应。办学理念应根植于学校文化，汲取时代精神，弃旧图新，顺时以动，因机而发。根植于学校文化的办学理念，它的更新与完善绝不是新生成，因为其文化传承的基因不会变，它是学校依据施教思想，基于教育规律，结合学校办学实践而形成的育人取向和追求，是学校的核心价值观，体现了师生的共同愿景。办学理念是由一组观念构成的，是长期办学经验、思路及理性思维的积累、提炼、升华。

一、外力驱动

由于生源、区域原因，玉律小学的发展受到了一定的限制。从生源上看，玉律小学的学生90%以上为劳务工子女，而教师多采取“走教”的方式。如何最大化挖掘学校教育空间的育人价值，让全体师生感受到身在学校的温暖与幸福感，成为玉律小学整体转型变革中需要解决的难题。

为解决这一难题，玉律小学提出“为了每一个孩子自主发展的快乐，为了每一位教师自我超越的幸福”的口号。然而，如果只在口号上宣传要爱校如家，而不能让教师和孩子们在学校中感受到家的温暖，那么口号便是一句无用的话。所以，必须将其作为办学理念予以深化体现，然后用这一理念指导学校方面的工作。基于此考虑，2013年年末，初到玉律小学的王婷校长便带领全体教职员工，对学校的环境进行改造，目标是为学校师生建造一所具有艺术审美、体现教育公平的花园式幸福家园，使学校在环境上脱离“村小”的原生态印象，使师生的“村小”意识得到冲击、改变。

二、幸福空间

如果说创建温暖幸福的校园环境是作为硬件设施践行“为了每一个孩子自主发展的快乐，为了每一位教师自我超越的幸福”，提升师生的幸福感，那么良好的专业成长平台与学习机会则是深化该口号，让全体师生在体现自我和幸福中成事成人的“软件”。

在加入“新基础教育”改革后，学校支持教师走出校门，到各地参加学习培训，同时也聘请特级教师到校指导，例如，美术科组请来戴高桃老师，语文科组请来石景璋老师等。对于学生来说，学习上的幸福则是能接触更丰富的课堂与活动，为此，学校开办了丰富多彩的社团，聘请专业辅导员如管乐教师团队，外教、语言表演教师等到校指导。同时将体艺特色落实到日常课堂，让每一个劳务工子女虽然无法像城里的孩子一样有丰富的才艺培训体验，但都能够不花钱在学校里上“兴趣班”。

三、幸福校园

如果将上述定义为教职员工的外在需求，它虽然能提升师生的幸福指数，但它只起到催化剂的作用。全体师生幸福指数提升的本质，是师生的共生共长，因此，玉律小学在多个层面为家、校、生的共生共长搭建平台。

（1）为了师生互动和谐，学校通过组建“新基础教育”研讨小团队和聘请专家驻点指导等方式，让更多的教师参与“新基础教育”改革，培养教师追求自我超越的生命自觉，包括主动搭建与学生互动的平台、主动提炼师生互动技巧等。

（2）为了家校互动顺畅，学校指导家委会成立义工部、组织部等多个部门，通过与学校相关部门的衔接，参与学校的各项活动。

（3）为了让学生与家长的沟通更有质量，学校与光明中学、《宝安日报》合作开辟“家校心桥”栏目，为家长提供热线服务，指导家庭教育。对学生，则设立各种小岗位，让他们在参与活动的过程中，提升“律己”和“达人”的生命自觉。

（4）教师的成就感往往源于自我发展、超越。为此，学校为教师建立了专业成长档案，让教师在每个节点后都能感受到自我超越的幸福。在《光明新区名师工程建设方案》的指导下，玉律小学制定了《名师工程建设方案》，推动名师梯队建设，为教师搭建上升平台。

理念先行，引领学校发展。“新基础教育”改革探索之路仍在继续，“玉小人”将继续交出一份又一份完美的答卷。

第二章

以玉为魂，激活美玉文化新色

第一节　以“寻”思“变”

一、回归生本，再探办学思路

1. 学校周边环境

玉律小学所在的玉律村位于深圳市的西北部，光明区的西南部，一开始为一所村办小学。20世纪90年代以后，随着特区经济的发展，村里也陆续进驻了不少工厂、企业，学校周边就有东江集团、维珍妮制衣厂等几个大工厂，随着工厂规模的扩大，人工需求猛增，吸引了一批又一批外来务工者。这些工人绝大多数成了村里的租户。

在工厂较少的时期，学校大部分生源还是本地生，人数较少。近十年，学校生源已经慢慢变为以外来务工子女为主，人数不断增加。时至今日，外来务工子女生源已经远超本地生源。学校周边道路狭窄，民房密集，除了小部分房东本人住在公房的最高一层，其余几乎全是租户。因此，学校生源基本来自这些租户。在2014—2019年间的一年级新生家庭信息调查中，平均每班只有2—5个本地生，外来务工子女占90%以上。

2. 生源特点

不同的环境造就不同的人，疲于工作的外来劳务工没有太多时间管教孩子，这些孩子基本上处于“放养”状态。一方面，家长本身学历不高，在对孩子的教育方面缺乏有针对性的引导，“粗暴简单”的情况并不少见。在近几年的新生调查中，一个班级，大学本科学历的家长大致维持在3—5个，高中学历的家长占了大多数，小部分只有初中学历和小学学历。另一方面，家庭条件的限制导致学生在学习环境的优化和兴趣特长的发展上受到一定程度的阻碍。老师发现部分作业做得不够好的孩子，往往是在相对嘈杂的环境中完成作业的。比如，直接在人来人往的店里学习，在兄弟姐妹较多的房间里学习。曾经有一名刚工作的老师在开学初的家访之后感叹道：

> 我一直以为深圳的孩子都是家里的宝，家访之后才发现原来还有这样的一面：一家五口挤在不到三十平方米的一室一厅里生活，低矮的凳子，杂乱的物件，破旧的书桌，放满衣服的小床，让人很是心酸。我觉得这样的孩子更需要我们用心去爱……

学生课余时间主要的活动场所，就是家附近的广场、公园、超市等。放学之后，这些地方见得最多的就是穿校服的学生及家长。每到周末，家长会带孩子到远一些的地方游玩，但也仅限于少数家庭。所以，玉律小学的学生对自己生活的周围是非常熟悉的，但是对更精彩、更丰富的消费性游玩场地比较陌生。

3. 对学生短期提升、长远发展的重新思考

王婷担任玉律小学校长之后，一直在思考如何突破局限进行长远规划。面对孩子的笑脸、家长的信任，想到现实棘手的问题以及未来发展的重担，她常常在校园里来回走，一走就是一个小时。看看孩子，看看老师，看看校园的一草一木、一砖一瓦，思考着：我们的孩子需要什么？我们的家长需要什么？我们的学

校又需要什么?

她认为，这里的学生虽然是“村里”的娃，但不应该不被重视。虽然外部条件差一点，但是他们依然有跟“城里”的娃相匹敌的潜力。一所被农民房包围的学校，依然可以被打造成现代化的花园式学校。而家长“放养”孩子，不代表他们不重视教育，不渴望孩子成才。只要有机会，每个家长都会竭尽所能为孩子创造更好的条件。部分本地家长选择让孩子到邻近的宝安区上学，恰恰也说明了家长的态度。而玉律小学随着大湾区战略的推进，急需在教育板块中站稳脚跟，收获社会的良好口碑。

4. 对教育教学的重新梳理与定位

就在学校管理团队感到迷茫的时候，2014年5月，幸运地遇到了叶澜教授和她的“新基础教育”。那一年暑假，学校中层干部、教师一行七人赴华东师范大学，开始了“新基础教育”的学习研究。短短的七天，在华东师范大学李政涛等教授的专题报告中，老师们初步接触了“新基础教育”理念与思路，感触很深，收获颇丰。返校后，带着对“新基础教育”的理解，管理团队尝试从理论与实践结合的角度思考、讨论学校的发展。一位参加暑假学习的中层干部回忆道:

> 学校刚开始说要争取加入“新基础教育”改革，我和很多人一样，都以为只是新校长的新想法，过后就会不了了之，没想到王校长真的坚定不移地带领大家走上了“新基础教育”改革的道路。她说：我们年轻有干劲，团结不怕输，只是缺乏一个适合发展的理念引领我们前进。“新基础教育”改革为我们和学校的共生发展指明了方向，搭建了平台。

可见，有了校长坚定的决心，学校很快就会在变革之路上找到自己的方向，老师们也会打起精神主动投入这样的改革浪潮。王校长后来也分享了自己参与“新基础教育”改革之初的一些感受:

> 那是2014年的冬天，玉律小学加入“新基础教育”改革刚四个多月。得知叶老师要来，我和我的团队既激动又紧张，后勤部门忙着布置，教学部门忙着演练课堂常规教学环节，学生工作部门忙着强调学生仪容仪表和社团活动展示。2014年12月19日，叶老师来学校的那个清晨，早读声琅琅、社团活

动丰富多彩，在一楼的架空层内，水墨社的学生正支起画架，在老师的指导下认真写生，校园随处可见的书吧中，孩子们正在安静地阅读。整个学校的早晨在我看来安静、幸福、美好，井井有条，我很满意这样的状态。叶老师在我们的陪同下来到孩子们中间，她亲切地询问穿着学生冬礼服的孩子们："你们坐在风口，冷不冷啊？"叶老师的眼睛仿佛洞悉了一切，能把所有的事情都看得真真切切，却也让我十分惭愧。叶老师的关注点落到学生身上，而与学生朝夕相处的我们却更关注表面的包装效果。叶老师的这句话一直牢牢记在我的心里，几年来时不时敲打着我。随着实践的深入，我更理解了叶老师一再坚守和强调的：学校的整体转型要沉下心来进行真实践、真研究，学校改革的基础是老师心里要装着学生的发展。因此，直面学校发展的问题，是明确学校未来发展目标、找到自我发展空间的关键。

至此，管理团队在今后学校的发展中，把"人""生命"这样有温度的字眼放在首位。

二、吐故纳新，开化本土资源

1. 充分挖掘"玉"文化，重塑学校文化

（1）"玉"的育人价值

相传，玉律村的曾姓家族是孔子"七十二贤"弟子中曾子的后人，有深厚的文化底蕴。故学校管理团队以玉律的"玉"字为思考点，并深入挖掘"玉文化"，以"玉"为脉，重新定位学校文化，弘扬中国优秀的传统文化。

玉是中国传统文化的重要组成部分，以玉为中心载体的玉文化源远流长，深深地影响了古代中国人的思想观念，成为中国文化不可缺少的一部分。可以说，中国的文明进程与中国"玉文化"的发展一脉相承。

孔子提出玉有十一德，即"仁、义、礼、智、信、天、地、道、德、忠、乐"，此十一德实乃儒家道德规范的大全。作为中国传统思想核心的儒家思想认为君子应"比德于玉"，玉成为封建社会人们道德规范的标准。中国人正是用玉来形容一切美好的事物，如用"锦衣玉食""琼浆玉液"形容美味；"亭亭玉

立”形容美丽的容颜等。

“玉不琢，不成器。人不学，不知道。是故古之王者，建国君民，教学为先。”意思就是玉石不经过琢磨，就不能用来做器物。人不通过学习，就不懂得道理。古人琢玉，精心构思，精雕细琢，一丝不苟。教育正如琢玉一般，将一块块顽石，雕琢成美玉。“切磋”是相互交流，“琢磨”是自我反思，玉的文化非常符合教育的内涵。

（2）“玉”与校园文化的融合

玉文化不仅仅是制玉、赏玉的文化，更代表了中国优秀的传统文化，具有极强的包容性。因此，在校园文化的渗透中，不仅仅使用与玉相关的元素，而是把中国优秀的传统文化元素有机地融入学校文化。因此，玉律小学的校训定为“玉汝于成，律己达人”。

另外，玉器浑厚、大气、简洁，可以将这种韵味运用到校园建筑中，玉器的纹饰具有很强烈的中国民族特点，使用在建筑装饰上则显得气宇非凡。

2. 充分使用社区资源，丰富优化学校教育

玉律小学充分合理地挖掘玉律村本土资源，全员育人，联合家庭、社区、社会，发挥本土优势，共同提高教育效果，促使学生在与人的沟通交往中，实现校园生活与社会生活的接轨。①为实现全员育人的多元发展，玉律小学着力建设多维度合作体系。

（1）家校合作

家校合作是一个双向发展的过程，它不是家长单方面提供义务服务，也不是教师对学生校园表现的简单反馈，而是家长与学校形成合作的状态，共同参与学校的改革，成为学校整体转型的重要合作方。从教育的立场出发，家校合作更需要关注学生在其中是如何发展的，家校合作是融合在学生的成长过程、家庭和学校教育的实施过程中的。玉律小学在“多维度合作、共生与发展”创新机制引领下，成立了家委会，让家长更好地主动参与学校生活；在家长和教师的共同努力下，创建“爱心小红伞”、午餐配送、牛奶配送、交通护航等项目。一方面，家

① 参见王婷：《谈学校教育育人资源开发与利用——以深圳市玉律小学为例》，载《大连教育学院学报》2018年第1期。

长主动融入学校生活，在活动体验中加深对学校育人文化的认识与认同；另一方面，促进学生活动体系的完善，学生不仅可以与同学、老师相互交往学习，也可以与家长交流互动。

（2）社区和学校合作

社区是学生离开学校后的又一个生活环境，它同时也具有非常丰富且不同于学校的育人资源。因此，建立新型社区合作关系，在合作中开发育人资源，带动家庭成长，是学校越发关注的问题。以玉律小学所在的社区为例，玉律社区有着丰富的传统文化资源与社区工厂企业资源。在社区的支持下，学校建立了四个电子阅读区、企业冠名的书吧、社区惠民足球场。学校还善于利用周边众多工厂的资源优势，为学生创造社会实践机会，将各种优质资源汇聚，为学生主动健康发展提供保障，形成多向德育网络。

学校鼓励学生积极走进社区，参与社区的志愿者活动。如2018年1月14日，玉律社区党群服务中心联合玉律小学师生共同开展“情暖新春，爱心同行”送春联活动。此次参加活动的小朋友都是玉律小学红领巾书法社的成员，送春联活动旨在传承中华文化，营造和睦互助的邻里关系，建设幸福和谐社区。

（3）学校内部合作

所谓“三人行，必有我师”，除了教师，学校的教工（如花匠、清洁工、保安等）也是教育学生发展的重要人员。学校可以通过“职业探究”活动，将教工请进课堂，让学生了解各行各业，初步习得敬业奉献精神，如通过“花匠叔叔带我走进花的世界”活动，使学生在与自然的交往中培养认识自然、热爱自然的情感；通过“冬至向清洁工阿姨和保安叔叔送汤圆”活动，营造温馨的学校交往环境，体现人文关怀。诸如此类的活动充分开发了学校教工的育人资源，同时也收获了良好的育人效果。

如何做到人、事、物多方的综合融通，挖掘学生成长过程中的育人价值，贯彻落实“三全”教育理念，是继续研究探索学校教育育人资源与学生成事成人的关系、继续进行“新基础教育”改革的努力方向。

第二节　以“形”导“势”

一、多层布局，重塑教育空间

在“新基础教育”学校整体转型改革背景下，旧的校园环境显然已经无法满足学校和师生的成长需要，因此，2014年，玉律小学展开新一轮的建设。基于学校空间的物理现实，努力做到“原始建筑的物尽其用，有限空间的价值挖掘”。

1. 教育空间设计理念的重建

（1）教育理念指导设计理念的聚焦衍生

校园的设计形态，应该与学校办学理念、教学制度和内容一致，在“新基础教育”改革过程中，在专家指导和日常实践下，学校不断寻找、梳理学校的“美玉”核心文化，以“玉汝于成，律己达人”的校训为教育灵魂，以“为了每一个学生自主发展的快乐，为了每一位教师自我超越的幸福”为办学理念。因此，在学校教育空间重建的过程中，始终坚持“美玉美育”的设计理念，在“美玉”核心文化的引领下，“玉小人”一起创造美、感受美，在“美”中不断成长。

（2）变革实践推动设计过程的重心下移

玉律小学的三年环境建设，与“新基础教育”改革同步，“玉小人”称之为“成长中的建筑空间”。2014年2月，学校首先组成由校长担任组长、体艺信息中心主任担任设计总监、总务主任担任后勤总监、教学工作与学生工作负责人担任师生与家长民意代表的校园环境重建小组，并迅速面向师生、家长开展问卷调查、访谈，收集设计需求与灵感。“玉小人”不断参与校园环境的建设，在“新基础教育”改革中，把所学、所悟、所思、所做融入学校的一砖一瓦、一草一木、一调一色中，感受共同创造与设计的学校建筑的变化。

（3）综合融通促进精神内涵的积淀丰富

校园环境的独一无二体现在建筑与空间的人文精神中，在空间中生活的人赋予它的人文内涵，便是校园建筑空间的独特之处。就环境建筑因素而言，富有人文精神的建筑风格才是独一无二的，在这样的人文环境中成长的人，才能有内涵与特点。

2. 划分功能，有效使用

（1）动静功能区的规划

旧的建筑设计没有过多考虑空间的有效利用，将教学楼建在校园中心位置，将校园划分成前后两大区域。重建小组经过对小学生身心发展特点的分析，考虑学生成长的实际需求，从校园整体规划考虑，将校园分成动静两大区域。即将原来入口处的手球场、篮球场改为园林，增加校园绿化，营造静谧的阅读空间；充分利用后操场空间，安置体育设施，作为学生的运动区域。在此规划理念下，使校园空间得到有效利用。

（2）教学楼、办公楼功能的重新安排

首先是学生教室、教师办公室的安排。教室按照由低年级到高年级的顺序安排各年级所在楼层。在教师办公室的配备上，重建小组则考虑采取年级办公模式，以方便同年级各科教师间相互交流，并且尽可能使教师办公室与所在年级教室相邻，以便教师及时掌握学生动态。其次是打破行政综合部门办公的设置，将原有的大办公室一分为二，既在空间上有效利用，又符合部门工作的需要。

（3）功能教室的布置

功能教室的布置基本满足学校的艺术特色建设要求，配备了舞蹈、合唱、民乐、书法、水墨画、语音实验、电脑等功能教室，并且使空间得到有效利用，腾出音乐、美术、体育学科教师的办公室及储物仓库。

二、多元融通，涵养人文精神

1. 教育空间的育人价值

学校环境作为一种社会存在和特定的空间，更是学校教学空间的一部分，它对学生素养的养成具有潜移默化的影响。环境教育是一种无意识教育，具有重要的“境教”功能。

对于任何一所学校来说，教学都是第一位的，校园建筑内部环境的设计对教学的效果、学生的学习状态等都会产生直接影响。

2. 原生态学校建筑的局限

首先，物理空间的有限性。学校位于深圳市西北部偏远区域，可以说，学校就是一所原生态的被农民房包围着的“村小”。学校占地面积20443.4平方米，建筑面积7543平方米，三栋教学楼呈“T”字形，其中一栋房龄20年，两栋是2009年旧校改造时建造的，另外还有一栋房龄20年的教工宿舍楼。学校紧挨着的就是村民们建造的村房，把学校严实地包围起来。学校无向外扩张的可能，随着就读需求的增加，学校班额逐年增加，物理空间承受压力越来越大。

其次，环境规划无序。玉律小学和很多老学校一样，在改造过程中都面临一个难题，即由于现实原因，环境建设总是在局部进行，无法像新建学校那样有统一的整体。另外，由于校领导的多番更换，导致学校呈现多种建筑风格。

最后，存在精神内涵缺失和教育功能缺位的问题。建筑学中有一项重要的美学原则：空间满足人的精神需求。而校园建筑不同于其他建筑的地方在于，教育本身就是一种心智的成熟过程和心灵的升华过程。如果一所学校、一间教室提供给教育者和受教育者的，仅仅是一个实用、耐用的教学场所，而没有赋予其精神内涵，没有把环境与教育紧紧地综合融通在一起，那么，环境的教育功能是缺位的。

3. 创生教育空间的多层价值

学校的学生长期生活在村里，就连节假日期间，家长也很少有机会带他们去市区，那么学校建筑空间的育人价值就显得尤为重要，应改变原先被简朴原生态村房包围着的劳务工子女学校，打造“艺蕴盎然的艺术馆”校园，是学校重建的建筑空间定位。“让美玉更美”的学校建筑教育空间设计理念，使学校具有三个不同层次的育人价值。

（1）整体空间的审美性文化引领

在整体设计方面，学校建筑的整体外立面与整体布局设计主要是从审美艺术的高度起到艺术熏陶、文化引领的作用。在“城中村”里打造“艺术馆”的定位是学校创设一定生活环境和艺术氛围，为劳务工子女创造艺术家园，引导学生去感受和体味，使其在满足视野开阔、兴趣爱好需要的同时，得到潜移默化的启迪与教育。

其一是视觉上的色彩艺术。学校在设计的时候，结合徽派建筑特点，着重采用有着民族文化底蕴的灰瓦白墙元素，点缀跳跃醒目的红橙两色围栏和空调外机位，使中国传统元素与现代简洁建筑元素融合在一起，使学校在与“城中村”农民房的对比中突显出来，满足学生视觉上的需求。

其二是空间上的动静艺术。在原有的校园建筑基础上进行重新规划，把校园分成前后两个区域，利用空间上的动静艺术实行校区的动静分离，使得学生同时拥有学习、游戏的双重教育活动空间。教学楼的前部分为师生学习的“静区”，有静园、文化广场、现代资源中心；教学楼的后部分为师生运动的“动区”，有体育广场、篮球场、手球场、低幼活动区等。在这样的教育空间中，学生既可以静心学习，也可以愉快游戏。

（2）个性空间的体验性生长创造

“生命实践”教育学派的教育信条中说：“学校是师生开展教育活动的生命场，提升学校的生命质量是学校变革的深层次诉求。”这直指学校教育空间的“体验性”特点。如果说学校的外部环境作为公共空间从审美艺术的高度挖掘育人价值，那么，教室作为班级的生活空间，更注重的是个性体验式的生长创造。

在班级生活空间上，物理空间的局限使得人均只有1.4平方米的活动空间，因此空间的利用就显得尤为重要，例如，简化讲台空间、设置书包储物空间、劳动工具箱外移、垃圾桶内藏，等等。同时，空间的简化也为每周二下午的社团活动提供了空间，使艺术特色能够普及到日常课堂中，可随时开展焕发成长活力的全新特色活动。

在班级活动空间上，学生建立书吧，使书籍、绿植、玩具、作品等个性物品有了分享的平台，学生利用书吧进行图书交流，使阅读成为乐趣。

在班级文化空间上，学生的班级文化是他们在日常生活中不断形成的，这是每个班级都有的独特之处。教室后面是一面班级文化墙，可使学生发挥创意，保留班级生活气息，“让每一面墙壁都会说话”，每一面墙壁都有生活、有故事。通过班级文化墙、走廊文化墙、信息发布系统，使隐性文化显性化，从而对外分享、交流。

在班级组织空间上，学生的岗位建设、班委建设、组织建设，都能够在教室的个性空间中呈现不一样的特色，都能够为学生的生命成长提供创造滋养的力量。

（3）特定空间的互动性公共交往

如果从审美性、创生性聚焦学校外部整体环境和教室空间的育人功能，那么学校还有一些具有特定功能的教育空间，这些空间以人或班级为单位，或者以社团、小队等组织为单位，或者以临时群体为单位，具有互动性，且在互动中构成多元的公共交往。

一是与自我交往。与自我交往最好的方式是思考与阅读。学校设置了公共小书吧，书籍总在师生随手可得的地方。与自我交往也可能体现在与熟悉的时光对话中，高年级学生在与一年级小朋友“手拉手”活动中发现，刚进入玉律小学的一年级学生特别怀念幼儿园的游乐场，而高年级学生也偶有怀念幼小时光的时候，因此，学校在有限的空间内，设置了一处“低幼活动区”。另外，在较偏僻的角落，学校还建立了心理舒缓小屋，为学生的自我感悟提供空间。

二是与自然交往。人的生长与自然息息相关，学生是自然中的人。学校的桃李园、静园的小径和月牙亭、光阴瀑布下的小鱼、静园一角的小兔一家，诸如此类的环境，都让学生去喜爱、去探索自然。学生还参与了校园景物的命名，如“静园”“月牙亭”“光阴瀑布”等都是学生命名的，每一个独特的名字都蕴含着孩子对校园景物满满的爱。

静谧优美的静园还是学生们写生的最佳场所，美术老师经常带着孩子们在静园里上写生课，孩子们用手中的画笔将校园的美记录在一张张白纸上，赋予了白纸新的生命。

校园里的一草一木都是学生学习的资源。春生夏长，春天是孕育生命的季节，夏天是茁壮成长的季节，与二年级学生的朝气与活力相符。因此，管理团队定于每年5月份开展二年级“小队风采秀”活动。该活动是以“美玉草木”活动为具象载体开展的，是学校美丽春天系列活动之一“我和校花做朋友”活动的重建与升级。在这个活动中，二年级学生完成了两个基本的显性成果，一个是形成了“美玉草木”的班级手册和年级草木集。另一个是形成了“美玉草木地图”。“美玉草木”活动中，学生们不仅完成了与大自然的交往，与大自然进行了亲密接触，还完成了与人的交往，小队内部之间、小队之间、班级之间、学生与花匠师傅之间都有了进一步的接触与了解。

三是与艺术交往。学校是劳务工子女学校，与市区学校不同，在现有的社区条件中，玉律小学的学生艺术交往资源缺乏，因此，学校有必要为学生创造艺术教育空间。在实践艺术教育过程中，玉律小学打造了充满艺术气息的学校环境。其中，合唱室、舞蹈室、管乐室、书法室、水墨室、茶艺馆以及别具风格的琢玉美术馆除了供社团活动使用，也是班级上课、活动的场地。作为广东省首批中小学艺术教育特色学校，琢玉美术馆汇集了校内校外的艺术佳作，定期展览艺术作品。学校通过创设一定的生活环境和艺术氛围，引导学生去感受和体味，使学生得到潜移默化的启迪与教育，艺术教育特色在玉律小学已结出累累硕果。

4. 学校教育空间的育人价值挖掘

“新基础教育”理念指导下的学校整体转型，是学校教育的整体形态、内在基质和日常教育实践的整体变化带来的整体形态的变革。就内在基质的物质因素而言，在这三年的学习、规划、摸索、实践过程中，管理团队逐渐关注学校教育空间丰富的育人价值。

（1）环境教育语言的丰富性

就建筑空间本身的环境语言来说，外立面红橙与白灰的色彩格调讲述着文化的变迁，风格统一的温馨提示语、楼梯的左右分界线等述说着规则，学校樱花园、静园中的绿植演绎着四季的精彩。

（2）自主教育空间的开放性

灰色墙底的留白，楼体柱子的留白，为师生的创造提供了平台，例如，学生设计的海报、班级的个性创造、走道的学生彩泥浮雕作品分享、各个书吧的陈列作品展览等对班级、社团或个人开放。

（3）实践互动平台的多元性

师生校园文化和校园生活的体验，才是学校文化的精髓。“小美玉秀场”的多元开放、学生为学校景观命名、幼小衔接活动中学生对学校环境的介绍与学校文化的理解，等等，都体现了教育空间提供的多元实践互动平台。

（4）环境美育功能的艺术性

美的环境能提升品味与幸福指数。学校的“美玉美育”教育空间设计理念，使学生在“礼仪美”“心灵美”“生活美”等方面，努力实现提升，从而主动追求人生趣味和理想境界。

第三节　以“灵”成“人”

一、主动发展，学生快乐成长

1. 让学习硬件“焕新”，满足学生成长需求

（1）丰富学习资源

学校是孩子们学习生活最重要的场所，是他们学知识、学做人的地方，要让他们喜欢自己的学校，既然物质条件比不上市区，就不能在精神食粮上落后。为了让学生有一个相对多元的学习环境，感受学习的“快乐”，管理团队在很多方面做了功课。比如，新建“资源中心”，补充各类图书两万册，提供楼阁、桌凳、沙发以方便学生阅读，同时，学生可凭借校园卡借阅图书；设立校园书吧，在走廊、架空层、转角处等地方制书架放图书，让学生可以随时随地阅读；优化教室图书角，每学期由班主任和语文老师牵头，为学生补充、更新图书；设立“朗读亭”，每个学生都可以朗读，每天清晨会播放优秀的朗读作品，鼓励学生们用声音表达。

另外，为了鼓励学生积极阅读，拓展视野，学校引进“悦读家园”系统，为教师和学生提供阅读和评价的便利和效度。丰富的学习资源，让孩子们快乐畅游书海。家长们也说，相比以前，如今，学校在资源方面的投入力度加大，照顾到了学生家庭的实际情况，充分体现了学校为学生发展考量的态度。

（2）扩大学习空间

在学校对教育空间进行重新规划、修整后，学生的学习空间也得到了进一步的扩大。除了教室作为最主要的学习场所，操场、花园、等候室也设置了供学生学习、阅读的设备，让学生可以随时学习。对于小学生来说，在教室待久了，换到另外一个空间去学习，未尝不是一件让人倍感愉悦的事。特别是在小花园的木椅上，头顶绿荫，听着流水，闻着花香，静静阅读，可以让人忘却时间的流逝。清晨，偶尔还会有一群水墨画社团的学生在这里写生，眼前的校园，就是他们笔下的风景。

让阅读无处不在，让学习成为一种习惯。管理团队想让孩子们的快乐建立在对知识的汲取中，尽可能让他们从学习中接触更广阔的世界。

（3）增加福利

学校劳务工子女多，父母中午没时间回家做饭，因此很多孩子中午在校外的快餐店、小摊解决午餐。为此，学校组织家委会进行了一次调研，了解了本区有学校采取午餐配送方式，于是建议学校也采取这种方式，学校很快便与符合资质的午餐配送公司合作，解决了近三百名无家长照顾的孩子的午餐和午休问题。同时，学校后勤部门积极对午餐配送公司进行配餐监督，包括餐具的卫生、午餐的质量和营养搭配，并到该公司进行质量考察。

深圳一年四季多雨，特别是梅雨时节和夏季，常常上学时晴空万里，到了放学时却下起了大雨，家长根本来不及给孩子送伞。学校组织家委会启动了“爱心小红伞”项目，他们向村委、周边工厂企业拉赞助，购置了一批小红伞，对小红伞的借出和回收进行严格管理。同时，为使孩子们的身体更强壮，学校还将牛奶配送到教室，从常温奶到当日鲜奶，尽可能把事情做到最好。

2. 给校园生活“涂色”，契合发展规律

学生的快乐还来自哪里？当然是丰富的校园生活体验。我们想通过“四季节点”活动，让学生在四季不明显的深圳，有不一样的季节体验；通过年级特色活动，让学生在不同的年纪，有不一样的精彩；通过社团兴趣活动，让学生在不同的社团，有不一样的爱好与特长。

在进行“新基础教育”改革后，学校开始了校园“四季节点”活动的长程设计，从2015年到2019年共经历了四轮，每一轮都在之前的基础上进行调整后再推进。管理团队认为，老师要带领孩子们用心去感受四季的节律，由此有了“美丽春天”“缤纷夏天”“向上秋天”“温暖冬天”系列活动，在活动的浸染中，孩子们逐渐清晰了季节的发展规律与学习生活紧密联系。

以年级为单位的特色活动旨在形成系列的成长目标，包括一年级“谷雨时节我入队”，二年级的“小队go go go”，三年级“我的班级我做主”，四年级“十岁生日会”，五年级“更换大领巾、承担大责任”，六年级“蒲公英的梦想毕业季”，等等。

为了让学生接触更丰富的活动，学校开设了丰富多彩的社团，聘请专业辅导员，如管乐教师团队、外教、语言表演教师等到校指导，同时将体艺特色落实到日常课堂，让每一个学生得到与城里孩子一样丰富的才艺培训体验。如今，玉律小学“辰星”合唱团和“金钟”管乐团的孩子们，已经多次站在区、市、省乃至全国的舞台上演出，并多次举办属于自己的音乐会。

3. 当好学校“小主人”，培养主人翁意识

（1）我在班级有岗位

在班主任们之前的价值观里，小岗位一般属于班干部、课代表、值日生们，他们协助管理班级纪律，收发学科作业，打扫教室卫生。但是，“新基础教育”理念指导下的岗位建设，与人的发展、人的生活有着密切的联系，是班级建设中不可或缺的组成部分，是提升学生主人翁意识与责任感、丰富学生社会角色的重要方式。因此，五年来，管理团队尝试进行岗位建设，按照“实验班级先行——同年级尝试——各年级开展”的推进方式，通过小岗位相关的班队研讨活动，在实践中研讨，在研讨中逐渐形成“创岗”“竞岗”“评岗”“轮岗”等小岗位建设的经验。同时，在学校的大型活动，如科技节、体育节等，让各班进行临时岗位的建设，鼓励学生根据活动开展的需要进行岗位设置。

（2）我在学校有角色

在建设班级岗位的同时，教师也引导学生慢慢将目光从班级转向校内，转向需要帮助的人，特别是身边一些常常被忽视的人群，如保安、保洁员、花匠、电工、水管工等，让学生知道自己可以为校园做哪些有意义的事。如五（1）班曾开展“甜甜汤圆暖人心”活动。活动当天，孩子们早早就来到学校做准备。第一次包汤圆，孩子们个个都感到很新鲜。在家长们的指导下，他们包得有模有样，我们不禁为他们的认真点赞！包完汤圆，孩子们把清洁工阿姨们请到活动现场。趁着煮汤圆的过程，孩子们为阿姨们表演舞蹈，现场掌声迭起，阿姨们甚是惊喜。最后，孩子们给阿姨们送上一碗碗热腾腾的汤圆，阿姨们笑得合不拢嘴。孩子们在和阿姨们一起吃汤圆的时候，还和阿姨们聊天，了解阿姨们的生活。在采访阿姨们的时候，有一位阿姨甚至感动得当场流下了泪水。

（3）我在社区有身影

2016年11月29日上午，六（1）班的教室里座无虚席，孩子们邀请了商家，

组织开展“融资大会”。这是怎么回事？原来，孩子们想在体育节来临之际，为学校的运动健儿们送上奖品，但由于资金匮乏，在找不到赞助商的情况下便想到用“融资”的方式来筹集经费。孩子们自信地介绍融资方案，耐心地解答在场商家的疑问，最后，商家们决定在玉律广场开展义卖活动。义卖活动当天，多样的促销方式吸引了路过的客人，活动大获成功。孩子们利用赚到的经费成立了“财商学院”。通过这次活动，孩子们开始有了参与到社区当中的意识，并借此丰富自己的校园生活。

二、自我超越，教师幸福育人

1. 拉动外在需求

（1）育人环境上，教师乐在其中

作为一个社会人，教师有效的社会活动时间基本在学校，学校应该提供一个能让教师乐在其中的环境。比如，办公室不应是一个冷冰冰的办公场所，而应是一个温馨舒适的教师交流场地。像中国香港地区的许多学校，教师的办公室虽然很小，但很温馨，使用的是个性化的拼装式办公桌椅，办公室内配有微波炉、冰箱等，还提供茶歇。按照这个思路，我们的教师餐厅不应仅仅是一个单纯的就餐地点，更应是一个教师沙龙，教师在上课之余，能够在这里休憩交流；校园环境亦同，不应杂乱无章，而应处处体现洁净舒适，教师工作之余所需的文娱设施应一应俱全。因此，我们对教师办公室进行了重新装修和布置，对教师宿舍楼进行了全面检修，对伙食也进行了升级，并大幅增加校园绿化，增设休闲小花园，使学校面貌焕然一新。后勤保障方面，我们对教师宿舍楼进行了全面检修，包括改造楼梯、走廊，更换电线、开关，并为每间宿舍置换了全新的卫生设施；学校食堂也配备了平板电视，装饰教师相片墙，并对食材的选用和饭菜的烹饪进行规范化管理，让教师用餐更加卫生、舒适和满意。

（2）制度建设上，教师当家做主

所谓当家做主，并不是取代行政领导的决策权，而是体现为教师在学校事务有知情权和参与权上，尤其是在事关学校发展，涉及师生利益的事项上要有建议权和发言权。

学校教代会是教师参与学校决策的形式，学校通过教代会让教师参与绩效方案的修订、教工宿舍楼的维修及学校工程招投标等决策，特别是绩效方案的修订，首先通过行政会议制定，之后让教师们提修改意见，领导班子根据教师的意见进行修订，再回到教代会上讨论，让教师有当家做主的权利和地位。同时，在学校理念构建、特色创建、校园文化打造过程中，学校通过年级教研科组面向全体教职工征集意见，集思广益，使教职工更主动地关心和关注学校的建设发展。

此外，为培养人才，学校开始了名师梯队建设工程，打造学科带头人、骨干教师和教坛新秀；同时，开设“玉律大讲堂”，通过“请进来，走出去”的方式进行教师培训，为实现教师的自主发展提供良好的环境，为教师的专业化发展提供有力支持。

（3）人际关系上，教师感受温暖

我们认为，教师应该有家园意识。如何理解家园意识？家园意识是师生在长期的学校工作学习中形成的对学校的归属感和认同感，进而形成的一种超乎工作学习之外的情感。就教师而言，体现为以校为家，主动参与学校建设，关注学校长远利益及可持续发展。试想，在一个管理刻板机械，人际关系趋于冰点，行政、教学层面泾渭分明，学校文娱活动缺乏，参与度不强的学校，怎么要求老师以校为家，无私奉献？同样，对于一个不真正落实素质教育，不关心学生全面可持续发展，却以考核为指挥棒，片面追求成绩、升学率的学校，学生视其为畏途，又谈何爱校如家？

为了让教师有家的感觉，学校做了一些工作，比如，以工会为载体，举办跳绳比赛、投篮比赛，还为过生日的教职工举办形式新颖丰富的“集体生日会”，为他们送上祝福，传递大家庭的温暖。对新进入学校的青年教师，学校为他们找到有经验和负责任的老教师，进行“师徒结对”，让新教师尽快熟悉学校的教学模式，尽早融入学校大家庭。“师徒结对”也打破常规签约的方式，新教师为师傅准备一份小礼物，如一个小水杯、一束鲜花、一块巧克力等。同时，学校每逢双周周五下午，便开展年级组阅读、讨论、生活会等丰富多彩的活动，增强年级组教师的凝聚力，提高教师的归属感与幸福感。

2. 挖掘内在生长

（1）家校合作顺畅

对于教师来说，家长的配合与支持也是一种别样的幸福。因此，学校很重视家校合作，并努力促成家校合力。学校成立了家委员，让家长参与学校的管理，如由家委会参与学生社会实践的策划。目前，学校有约300名家长参与学校运动会与校园文化节等重要活动，并由家长在校门口重点路段疏导交通，为师生进出校门保驾护航。同时，学校组织家长开展家庭教育讲座，共商共学如何培养教育孩子，提高家长家庭教育的能力。此外，学校还跟光明中学、《宝安日报》合作开辟“家校心桥”栏目，为家长提供热线服务，为家庭教育提供参考和帮助。

（2）师生关系和谐

学校正在实践“新基础教育”理论，该理论倡导一种新型的师生关系，其核心就是学生具有平等参与权，在教学过程中注重他们个体意识的保护和引导，在习惯养成过程中注重他们自我意识的觉醒，班级建设甚至学校发展注重他们参与意识的培养。最重要的是，老师们开始从细节关注学生，捕捉教育资源，让孩子们在老师的关注中成长，收获喜悦。以下分享一则关于炮仗花的小故事：

> 春天的玉律小学，姹紫嫣红。有一天，学生工作负责人接到了三（3）班学生的投诉，学校新种的炮仗花全死了，原因是炮仗花爬藤生长的竹子被调皮的同学们当作玩具。按以往的做法，对学生不是纪律扣分就是批评处分。可是，张静慧老师和班主任商量后，决定把事情交给学生们处理。于是，学生们分成小队去调查炮仗花养不活的原因，才知道竹子是炮仗花的生命，原来学生们不是不爱花，而是不懂得如何爱花。后来，该班学生请来学校的花匠分享花的知识，并开展系列小队活动。

在“新基础教育”理念的指导下，老师们更加懂得如何处理孩子们犯的错误，将其转化为教育资源，并辐射放大；更加懂得如何与孩子们心贴心对话交流，师生关系在一次次“问题解决”中发光发亮。

（3）专业成长提升

很多教师在学校工作中仅仅是简单履职，因为他们认为学校的发展建设与自己关系不大，学校建设得再好，他们也无法享受成果。对此，学校应该努力做到成绩共创，成果共享，让老师有成就感，让老师感到学校事业和自己事业是息息相关的，因此我们积极鼓励老师参与，同时让老师享受发展成果，为他们提供专业成长提升的平台。“新基础教育”改革五年以来，涌现了一批先进个人，他们凭借自己的努力，成为学校的骨干，在岗位职责上被赋予更大的责任，如张静慧老师由一名音乐老师成长为一名大队辅导员，再发展为学生发展中心主任，最终成为副校长，这源于她在教育变革中的个人成长。

第三章

内生自觉，催生学校发展机制

第一节　更新：管理先行

“新基础教育”理论提出的学校整体性转型与改革，符合玉律小学新时期新发展的需要。中国著名教育家、“新基础教育”理论创始人叶澜教授说道：“学校的整体性转型要沉下心来进行真实践、真研究，学校改革的基础是心里要装着学生的发展。”可见，学校领导管理理念的更新及团队管理的发展尤为重要。

学校的整体转型变革必须管理先行，管理者只有先行，更新管理理念，产生变革领导力，转化为领导者，才能发挥领导意义上的激发和引领作用，实现重心下移。管理者先行，第一步就是更新学校领导的管理观。“新基础教育”理论明确提出要系统更新学校领导管理观，其中包括管理价值观、人际关系观、管理功能观、学校时空观等。玉律小学在进行整体转型变革中，在面对复杂的内外因素以及不断清晰的整体性改革目标等时，学校领导管理观也从“个人英雄主义”转向“团队领导主义”。

叶澜老师常说：“老树发新枝。”学校的转型变革不是否定既有的一切，重新开始，而是要明确学校发展的基础与方向，打破常规思维，深挖优势资源，以实现重建和提升。在进行“新基础教育”改革以前，玉律小学采用的是传统的领导管理观，学校领导是上级行政部门的传达者，是学校工作的安排者，是管理教师和学生的领导者。在2014年9月加入“新基础教育”改革后，玉律小学也正式进入整体转型变革，在“新基础教育”理念的引领下，学校结合自身“美玉”核心文化的定位，更新生存方式，进行文化重塑、制度重建以及关注日常管理，通过系统更新管理观，赋予领导角色新内涵、团队管理新理念。

一、领导先行，形成领导角色新内涵

校长是学校的核心人物，同时，作为第一责任人，其管理意识和管理能力对学校教育水平的发展起到关键作用，直接决定一所学校的办学水平与发展水平。在玉律小学进行整体转型变革过程中，王婷校长带领学校管理团队逐步形成并完善玉律小学的办学理念，形成领导学校变革的观念与能力，尤其是整体策划和推进学校变革的能力。

王婷校长带领的学校管理团队在“新基础教育”理念及专家团队的指导下，率先投入学校的整体转型变革中。在积极探索中，也逐渐赋予领导角色新内涵。

第一，王婷校长从局部改革的支持者转变为学校整体转型的“第一责任人”。玉律小学加入“新基础教育”改革时，校长作为学校整体转型改革第一责任人的角色就正式确立，校长需要与管理团队一起全面分析本校发展的优势、存在的问题和潜力，并在此基础上规划学校未来的发展，具体体现在以下三方面：一是在思想上引领，把自己基于先进教育理念形成的特色办学、管理的核心思想，渗透到中层团队和全体教师中；二是在行动上带领，参与各个领域变革的实践与思考，不断实现过程引领，同时实现自我超越；三是在情感上凝聚，关注教师的成长需求，了解教师的发展意愿，为教师提供发展平台。

第二，校长从“权力型”领导向“智慧型”领导转变。在玉律小学进行整体转型改革的过程中，王婷校长善于激发、汇集和利用老师的智慧，而不仅仅是依靠个人的权力和努力。校长率先投入研究学校的整体发展改革，同时关注并调动各部门、各学科、各年级“第一责任人”的工作积极性与责任心，将管理与研究的重心分层下移与落实。

第三，玉律小学领导角色的新内涵还体现为校长不仅有管理意识、服务意识，还有领导意识。在实践过程中，王婷校长努力提高个人修养，关注个人精神力量和人格魅力对凝聚群体的重要性，并形成如下四个方面的领导意识：一是看重价值观与先进教育理念的引领；二是把握学校发展的关键因素，包括学校整体发展趋势、重要机遇；三是明确发展策略以及合理策划实践；四是善于用人的意识和能力。

二、团队合力，形成团队管理新理念

学校管理团队是学校日常工作的主导部分，整个团队理念思维方式的转变对于推动学校改革起着非常关键的作用。在加入“新基础教育”改革初期，管理团队缺乏系统综合思维，阻碍了学校改革的推进。管理团队急需转变理念，于是，王婷校长开始对管理团队理念进行积极的探索和实践，在不懈努力之下，玉律小学的管理团队形成了团队管理新理念。

首先，认识管理团队的主体。玉律小学是一个有机整体，应该从整体上来认识玉律小学管理团队的主体。经过不断探索，学校管理团队主体最终定为各部门负责人、各学科负责人、各年级负责人以及玉律小学系统内的各类成员。在明确管理团队主体之后，管理重心不断下移，并赋予团队自主权，激发团队的积极性、主动性和创造性。

其次，生成管理目标。从传统的领导者制定目标转变成团队内部各有机部门协商制定管理目标，关注多元性、生成性，焕发各组织部门的内生力和创造力。最终，所有的管理目标都将指向学校整体发展的统一目标。

最后，完善管理过程。在过程层面，更加关注管理过程中人的成长，越来越强调做“事”对成就“人”的价值，以及从“成人”到“成事”的转化统一。在管理过程中变参与者为合作者，实现多元参与、共同发展。同时，在管理过程中注重管理功能的形成秩序和推进变革，既满足基本秩序的实现，也不断推动变革发展，为管理秩序带来新的持续稳定的力量，这体现为日常教育实践中的稳定和创新。更重要的是，形成管理团队的统一全局思维，将分割的部分和有机整体关联起来，为管理团队的发展积蓄底蕴。

第二节　实践：赢在中层

在加入“新基础教育”改革后，在华东师范大学专家的指导下，王婷校长带领学校管理团队对玉律小学的状况与存在的问题进行分析和反思。

首先，玉律小学有着质朴而深厚的历史积淀，有着一支团结的管理团队和年轻有活力的教师队伍，学校发展的各个领域都能看到蓬勃向上的力量，而“新基础教育”又是一个先进有生命力的教育理念，能全面引领学校发展。

其次，学校也存在不少问题，具体体现为管理重心过高，缺失自主运转机制。玉律小学原来的管理重在“管”，管理制度的构建缺乏系统性和价值引领，重心过高，只负责“成事”，很少考虑“成人”，对于工作的开展缺乏“长程意识”。例如，领导“自上而下”地进行布置，中层“传达式”地开展沟通，老师们“任务式”地执行落实。同时，学校管理仍处于点状思维，缺乏综合整体的融贯沟通，未完全走出被动管理模式，主动发展意识不强，自主运转机制缺失。

因此，学校借“新基础教育”改革的契机，以学校整体转型变革为背景，在“新基础教育”理念的引领下，在华东师范大学专家的指导下，进行学校管理的改革。中层的诠释不再仅仅是“行政”，管理也不再依靠行政力量，各部门负责人、各学科负责人、各年级负责人都是学校的管理团队，同时也是各领域的第一责任人、“业务指导员”与合作者。在五年的转型变革实践过程中，努力探索重心下移的管理转型，实现“赢在中层”，打造一支年轻并具有生命自觉的管理团队。

一、管理转型，重组中层组织架构

学校中层组织机构的职能定位与架构形态，在一定意义上决定了一所学校的日常管理运行方式与整体办学效能，加入“新基础教育”改革后，在该理念的指导下，学校全面梳理分析学校现状，认识到原先的中层组织架构存在职能分工与领导管理方式上的问题。一是部分部门功能不具体，分工不清晰，如教学处与德育处、年级组与学科组之间岗位职责不够清晰，存在功能交叉的问题。二是各部门职能窄化，只负责“上传下达”，多是传达落实上级和学校领导的工作安排，少有自主开展的活动，缺乏自主运行机制。

因此，从加入“新基础教育”改革开始，为了使整体转型变革顺利推进，玉律小学大胆地进行新的尝试，理顺学校管理工作，调整管理部门布局，使职能部门与领域责任即教育教学活动与管理改革能够得到顺利推进。在上述理念的指导下，学校与每一位中层干部进行对话，使其对自身进行审视与评价，并开展民意测评，收集教师对中层干部岗位调整的建议。之后结合谈话观察、中层干部自身的评价以及全体教师的民主测评，结合学校发展的实际阶段需要，对一些部门进行调整。通过实践探索，学校变革与重组中层组织架构，对各个部门进行改革，促进其管理职能与方式的转型，使其职能得到更新与具体化。

德育处更名为“学生发展中心”，负责学生工作，体现学生立场，引导教师全面关注学生发展，通过学生工作的研究与重建，培养主动、健康发展的“全能小美玉”。

教学处更名为“教学研究中心”，负责教研教学工作与教师发展，使教学与教研同步推进，重点落实“新基础教育”各学科领域的研究与推进，促进教师的专业成长。

办公室更名为“人力资源中心”，负责学校人事工作，同时协调各部门工作，体现“以人为本”的立场，为学校发展和师生成长服务。

总务处更名为“后勤保障中心”，提供后勤服务保障，体现为学校、师生服务的意识。

增设“体艺信息中心”，主要负责体育艺术教育、特色建设领域，以及“智慧化校园”信息建设领域。

加上原有的安全办，组成了“五个中心一个办”，各部门的职能更明确。在形成组织网络、管理重心下移的同时，使各部门主动自我更新，调整管理方式，产生新的管理功能，从而适应学校的发展需要。至此，“新基础教育”理念指导下的学校管理组织架构重建逐步清晰，以前是“管”老师和学生，现在是服务老师和发展学生，部门职能定位转变，理念也开始转变，部门立场跟着发生了改变，从而建立了学校领导、中层干部、教师与学生之间多向互动的创生式管理运行机制。

二、重心下移，变革部门责任制度

叶澜教授说过：“每个人都应该成为自己所承担工作的第一责任人，而不是对他人负责、执行他人的旨意。认识到这点，就能使每项工作都呈现第一责任人的智慧与风格、创造与活力，在领导层中形成决策者与合作者的关系，激活工作活力。”玉律小学在管理转型、重组中层组织架构的同时，改变了部门责任制度，实行第一责任人制度，促进管理重心有效下移。

学校在整体转型变革中，明确了校长是学校整体工作的第一责任人，各部门分管领导及中层干部为各分管领域工作的第一责任人。为了从约束走向引领，学校将研讨推进方式重心下移，制定相关的支持机制。例如，建立“年级负责制”和“学科负责制”等，基层负责人即是第一责任人，年级组长是年级学生工作的第一责任人，学科组长是学科组备课研讨等工作的第一责任人。第一责任人要主动策划组内的师生发展以及文化建设等，同时赋予学科组长、年级组长一定的评价权。

（1）年级负责制：中层干部与年级形成共生体，形成“年级行政——年级负责人——任课老师”的共生团队，设立六个年级负责人，由经验丰富的班主任担任年级负责人。2018年9月，学校结合工作实际，将年级负责制发展优化为“年段负责制”，由三位经验丰富的学科教师分别担任低、中、高三个年段的负责人，带领年级教师探索各阶段学生的发展需要和年段成长教育，尝试重心下移的管理方式，为实现教师的自主发展提供良好的环境。

（2）学科负责制：学校中层干部与学科形成共生体，中层干部首先是自身学科领域的教学能手，也是各个学科教学的骨干力量。语文、数学、英语这三个学科都有中层干部进行引领，根据实际情况由中层干部或学科组长担任第一责任人。在学科组内，以年段为单位，由低、中、高三个年段的备课组长作为年级备课研讨的第一责任人，负责常规研讨工作的推进落实。因此，形成了中层领导、学科组长和年段备课组长合作引领研讨的模式，从而使学校具备了“新基础教育”改革的骨干力量。

三、自主运行，再构管理运行机制

基于整体转型变革的背景，学校在华东师范大学专家的指导下，创生出能够指引学校内生发展的四大发展机制，形成自主运行常态。

首先是建立以“校长负责与民主参与”为核心的治校机制，既体现了办学决策中校长第一责任人的领导地位，又集聚多方智慧。例如，学校教代会是教师参与学校决策的一种形式，学校通过教代会让教师参与绩效方案的修订、教工宿舍楼的维修及学校工程招投标等决策，特别是绩效方案的修订，让教师有当家做主的权利和地位。同时，在学校理念构建、特色创建、校园文化打造过程中，通过年级组和学科组面向全体教职工征集意见，集思广益，从而使教职工更主动地关心和关注学校的建设发展。

其次是建立以“创新分工与协作推进”为核心的实施机制。

再次是建立以“评价反馈与激励完善”为核心的发展机制，从“成事、成人”的角度，以过程性评价激励与综合性评价激励为主要方式，健全与完善对师生日常成长的评价激励制度。如制定《玉律小学教师行为规范》《玉律小学学生行为规范》《玉律小学职称评聘制度》《玉律小学教学常规检查制度》。

最后是建立以“常规保障与研究创新”为核心的动力更新机制。这些机制的创生，使学校各方面都朝着自觉自主运转方向发展。

民主生活氛围体现了师生当家做主，并唤醒了“玉小人”的主人翁意识。主人翁意识主要体现为普通师生对学校事务有知情权和参与权，尤其是在事关学校发展，涉及师生利益的事项上有建议权和发言权，如教代会、环境文化建设等。

第三节　转型：内生外联

玉律小学在这几年的“新基础教育”改革道路中，始终坚持主动、独立、自主的核心原则，合力推进学校整体转型变革，并且在其中尝试突破，寻求学校发展的新思路、新方式。总而言之，学校整体转型变革不是为了变革而变革，在接下来的发展道路中，玉律小学依然会直面自身发展中的问题，为提升学校教育内涵而改变，为转变师生生存方式而变革。回顾玉律小学“新基础教育”改革的发展历程，即从管理、文化、资源等内外因素进行综合融通，笔者将其总结为三个“生长点”。

一、从“成事”到“成人”，学校管理领导力的成长

“新基础教育”引导我们实现教育观念的更新、学校办学价值和文化的重建。近年来，学校领导力获得了一定的成长。学校领导力的成长，体现为学校中层干部、各领域负责人的成长，他们的成长与发展是学校转型与变革中不可缺失的力量。因此，科组负责制和年级负责制为中层干部们提供了自我成长的平台，他们在本专业的课堂上主动承担科研任务，并且取得很好的效果，迅速成为该领域的骨干教师，同时与学科组的教师进行研讨，带动教研组发展，这些都在他们领导力的成长中起了重要作用。

学校中层干部以及各领域第一责任人根据学校的总体目标，对其分管领域主动策划设计、组织实施、调研反馈并总结反思重建，在工作推进过程中承担分管领域教师队伍建设的重要任务。

学校管理领导力的成长尤其体现在学校整体变革实践中更为整体、更加宏观地策划学科教学、学生工作、团队合作等各方面的变革活动中。在改革初期，学校管理团队对改革的策划只局限在某一次的活动及主题、一个学期或者阶段性的研究活动上。如今，在王婷校长带领下的管理团队能够从长程意义上整体策划管理变革活动，使每一个活动节点都能相互关联，不断深入，点汇成线，线汇成面，立体化地实现改革。

学校管理领导力的成长不仅表现为思维方式的长程性和系统性，也体现在日常推进过程中，由个人领导走向团队领导，学校各领域成员呈现新质发展。特别是骨干教师的实践力发展成型，为分散的个人领导提升为有凝聚力的团队领导提供了可能。团队领导提升了主动指导和发展他人的能力，而各成员也在实践中主动提升了对改革理念的理解和运用能力，形成良性的相互滋养关系。

二、从“璞玉”到“美玉”，“美玉”核心文化的生长

玉律小学是一所有着几十年历史的老校，在漫长岁月中积淀了文化与力量。王婷校长从走进玉律小学的第一天起，便开始校园文化改造的构思，在短短一年半的时间里完成了硬件设施的重建，在“新基础教育”理念的指导下，完善校园文化建设，向艺术校园迈进，学校环境的改变为学生提供了更多的教育资源。随着“玉汝于成，律己达人”校训逐渐成为全体师生和家长共同发展的目标，学校提炼出“美玉”为学校新核心文化，它是学校教育生活的“灵魂”，也是学校从特点走向品牌特色的努力方向。

在教研方面，各学科组逐渐形成“琢课”大本营的研讨机制，像琢玉一样琢课，让课堂焕发美玉光芒。玉律小学明确“变普及为特长，变特长为特色”的特色兴校、品牌强校举措，紧紧把握“新基础教育”理论与实践。学校经过充分研讨、调研，针对不同的孩子进行不同的艺术技能培训，即将艺术特色普及到日常课堂中，开展焕发成长活力的特色课堂，让每个孩子都能找到自己的艺术特长。在满足日常教学安排的情况下，学校每学期开设18节特色课程，把合唱、水墨画、舞蹈、管乐等艺术特色普及到全体班级课堂教学中去。人民音乐出版社社长莫蕴慧到访玉律小学后，评价道：“玉律小学的学生阳光自信，有艺术气质，美玉校园雕琢美玉少年，美玉气质突显。”深圳市教育局副局长王水发也高度评价2019年玉律小学“我和我的祖国”学生音乐会是“高品质的学生专场音乐会”。目前，玉律小学艺术特色教育在经历“璞玉”“琢玉”“美玉”阶段后，正不断绽放光芒。在体育教育方面，玉律小学在扎实推进体育特色教育课程的同时，逐渐形成手球、足球等特色品牌。手球项目入选深圳市高水平运动项目，其中，女队已连续六年在全市手球比赛中斩获冠军，毕业生朱嘉盈同学在2017年入

选国家青年队；足球队连续数年在各级大赛中收获冠亚军，学校被评为第二批广东省足球推广校。

“美玉”文化引领，实现多元成长。学校通过日常化的班级生活，让“美玉”充满儿童气息，如年级建设、班级建设，学校“四季”活动的开展等。2014年以来，玉律小学扎实推进未成年人思想道德建设工作，借力“新基础教育”理论，优化育人环境，激发学校内生力，打造先进文化，逐步形成了独具特色的“美玉”核心校园文化。其中，“小美玉社团”在几年的实践中，立足学生成长需要与年段特点，尝试融通各个学科与校级、年级、班级活动，积极利用校内外教育资源，设立了8个特色社团、7个精品社团、23个年级社团。

玉律小学在“美玉”核心校园文化的引领下，埋头深耕“新基础教育”理论与实践，不断落实学校未成年人思想道德建设，扎实推进素质教育，办学成果频传，成为深圳教育版图中一颗闪亮的“明珠”，学校将肩负起打造品牌学校重任，为建设世界一流科学城和深圳北部中心提供优质教育配套资源。玉律小学坚持以党建引领学校品牌建设，“以艺促智，以艺育德”，被评为全市首批10所广东省中小学艺术教育特色学校之一。学校以管乐、舞蹈、水墨画、合唱、手球、书法、跆拳道、篮球为特色发展项目，学校合唱、舞蹈节目同获深圳市金奖，水墨作品《阳光足球队》荣获广东省中小学生艺术展演比赛一等奖。近年来，在师生和家长们的共同努力下，玉律小学的教育硕果累累，学业成绩逐年提升，在区抽考中名列前茅。同时，获得多项荣誉，被评为广东省艺术教育特色学校、全国中小学舞蹈教育传统校、广东省水墨教学与创作基地、深圳市教育工作先进单位、深圳市中小学智慧校园、深圳市绿色学校、深圳市最具变革力学校、光明新区教育工作先进单位、光明新区阳光体育先进学校等。

三、从“静态”到“联动”，全方位教育资源的生长

为追求生命成长，借助全方位的教育资源形成成长共同体，玉律小学改以往的“静态”独立发展为构建三大新“联动”体系，以促进成事成人。

（1）家校合作，紧密联系。近年来，学校在继续做好传统家校互动的同时，加大力度推进家校合作与沟通，共同促进学生发展。在家委会的支持和带领

下，成立家长义工队，鼓励和引导家长参与学校管理，加强家长、学校之间的合作，并不断建立健全家校合作机制，不断完善家委会、家长学校、家长义工等“三结合”的教育网络。

第一，成立家委会，响应家校合作精神。建立健全家委员的部门规章，明确家委会的职责、权利和义务，促使家委会有章可循，进而保证家委会工作有序开展；定期召开家委会会议，积极落实和贯彻学校相关文件精神，促使家校联系紧密结合；定期举办家委会换届选举，让更多家长参与学校管理，不断加强家校合作；每年召开玉律小学家长代表大会，通过提案征集、校方解答、互动交流、共同探讨的方式解答家长的疑问，倾听家长的意见，表达学校的关怀，家校合作更加密切；开展“暖玉家委陪餐”服务，建立家长陪餐制度，家委会的成员每周两天陪同学生就餐，及时了解学生午餐的营养和卫生情况。

第二，建立家长义工队伍，组织家长义工开展服务。组织家长义工协助开展校内活动和部分日常管理工作，家长义工与学校老师、学校保安进行合作，每天在学生上学、放学的时间段，为学生“护航”，确保学生上学、放学的安全；开展家长义工培训，提升家长义工的业务水平，同时促进家长义工与学校的融合；通过鼓励家长义工参与学校的活动，加深家长义工对学校工作的认识，使家校合作更加密切。

第三，开展家长学校活动，传授科学的家庭教育理念及知识。组织亲子活动，如亲子趣味活动，促进亲子沟通交流，在活动中让家长与孩子换位思考，学习良性的家庭沟通方式；通过学校和家委会，邀请家庭教育方面的专家，开展家庭教育讲座、家庭教育活动等，使家长树立科学的现代家庭教育理念，掌握科学的现代家庭教育知识。

第四，积极开展环境整治工作，参与社区公益活动。组织学生、家长参与社区活动，如垃圾分类环保宣传活动，传递垃圾分类的理念，鼓励学生参与垃圾分类行动，从自身做起，保护环境；在学校开展环保活动，鼓励家长义工参与环保宣传，使学生提高环保意识和环保素质，维护学校的周边环境。

综上，在和家长紧密联系之下，为学生的健康发展提供教育新天地。

（2）社区联合，促进交往。玉律小学充分利用社区资源，构建立体化育人网络。丰富的社区资源对于学生发展也有着良好的育人价值，如扩大学生的交际圈、提升学生参与社会活动的能力等。近年来，学校一直在完善“学校、家庭、社区”三位一体的学生工作共同体，充分利用社会资源，积极走进社区；利用玉律社区丰富、多样的资源优势，为学生创造社会实践机会，将各种优质教育资源聚集到为学生主动健康发展的学校实践中来，形成多向德育网络。与此同时，玉律小学的学生也获得了宝贵的学习和交往机会，去关注、研究、参与、促进社区事务，强化介入社区发展的意识并提高相应的能力。

近年来，玉律小学和玉律社区不断加深合作，开展了一系列活动，如“红马甲陪您过春节”玉律小学社区送春联活动，去敬老院慰问老人，玉律社区公益系列讲座等。以下“缤纷五月 多彩玉律”案例是学生放学后的康娱活动，也是玉律小学借助独特社区资源，促进学生融入社区的活动计划。

缤纷五月 多彩玉律

活动计划书

一、活动背景

为了丰富玉律小学孩子们放学后的康娱活动，促进社区居民相互之间的交流与沟通，提升社区居民对社区的认同感和归属感，促进社区和谐发展，玉律村委员会、玉律小学、玉律社区服务中心，联合开展此次大型活动。

二、活动基本资料

1. 活动名称：缤纷五月 多彩玉律

2. 活动时间：2014年5月18日15:30—17:00

3. 活动地点：玉律广场

4. 服务对象：玉律小学学生及家长、玉律社区居民

5. 招募：棋类竞赛需招募固定参赛学生12人（非固定参赛学生可现场报名）

三、活动目的与评估方法

1. 活动目的：

（1）丰富玉律小学学生们放学后的康娱活动；

（2）促进居民间的交流与沟通，提升社区居民对社区的认同感和归属

感，促进社区和谐发展。

2. 评估方法：活动现场反馈、摄影、摄像、总结。

四、活动流程（见表3-1）

表3-1 活动流程

序号	时间	内容	内容说明	人员分工	所需物资
1	14:30—15:30	场地布置及分工	全体工作人员在综合楼前集合，将活动物资移至广场布置，划分摊位，派发道具	全体工作人员	道具
2	15:30—17:00	开展活动	活动设置5个摊位，同时开展活动： （1）棋类摊位：共设置象棋3组、跳棋3组、斗兽棋3组、五子棋3组，自由组队竞赛，胜方获奖品，负方获纪念品 （2）串珠花、丝网花体验：居民可以自由选择向摊位的社工、义工学习制作，并可将自己的作品带走 （3）踢毽子：两人比赛，胜方获奖品，负方获纪念品 （4）抬小猪：两人一组，两组间比赛，胜方获奖品，负方获纪念品 （5）挤眉弄眼：5人一组，两组进行比赛，胜方获奖品，负方获纪念品	（1）张慧、田晓及12名学生负责棋类游戏 （2）邓燕霞及8名义工负责串珠花、丝网花体验 （3）陈杰及2名义工负责维持秩序 （4）曾家辉、曾嘉仪及2名义工负责维持“抬小猪”游戏秩序 （5）4名义工负责维持“挤眉弄眼”游戏秩序 （6）2名义工巡逻	道具、奖品
3	17:00—17:30	结束活动	清理场地，总结活动	全体工作人员	无

五、应变计划

1. 如遇天气问题，可推迟开展活动。
2. 如义工招募不足，需加大宣传或选择在义工休息日开展活动。
3. 如奖品派发无序，各个摊位负责人需严格按要求派发奖品。
4. 如天气炎热，居民可能中暑，需准备消暑药物，必要时请社区健康医生现场坐诊。

（3）校际联动，共谋发展。玉律小学于2014年9月正式加入华东师范大学“新基础教育”改革，并于2017年12月成为全国“新基础教育”基地校。2018年9月19日，“光明新区”升级为“光明区”，正式开启“行政区”时代，这也是光明区“新基础教育”第二轮试验的起始之年。在“新基础教育”理念的引领和华东师范大学专家的指导下，玉律小学和其他学校开放合作，联动前进，共谋发展。

2014年10月至2017年6月的3年间，玉律小学共开设193次研讨课，观摩其他学校课例达700余次；同时，与其他学校就学校领导与管理、教学工作与教师发展、学生工作与班主任发展等进行互动，在互动研究中推进实践变革。

玉律小学充分利用“新基础教育”理念的示范引领作用，外引内联，同时也充分利用互联互通的专家智库促进自身的发展。首轮“新基础教育”改革开展以来，通过光明区组织学校相关改革人员外出学习取经的机会，外派骨干教师和青年教师进行“新基础教育”的学科教学和学生工作领域的专项学习。2018年11月30日，玉律小学还承办了第四届全国“新基础教育”英语学科研讨会暨“英语教学育人价值的开发与教师团队共研模式的创建”全国研讨会。来自北京市、上海市、江苏省等七个省市的“新基础教育”改革学校的专家、校长及学科教师代表共计200多人参加了此次研讨会，有力地推动了玉律小学“新基础教育”学科改革研究工作。

玉律小学“新基础教育”整体转型变革实践研究，经历了“迷茫期”“突破期”和“成长期”，在“新基础教育”理念引领和学校之间互动发展模式之下，不断实现学校的转型发展与师生的共同成长。

第四章

层级联琢，助力学科教研新突破

“新基础教育”提出：“在成事中成人，在成人中成事”。玉律小学在学科教研改革实践中，也以此为指导思想，努力通过助力学科教研能力的提升提高教师学科专业素养。结合学校特点以及“新基础教育”学科课堂教学改革实践，我们按照“层级联琢”的思路，助力学科教师不断提高教研能力，不断提升教师学科专业素养。

第一节　骨干先行，开启学科教研新起点

骨干教师是各校各学科教研能手，具备较好的教研基础、较强的学习领悟能力，是学校学科教研变革的中坚力量，是我们叩开“新基础教育”课堂改革大门的“钥匙”，是学校学科教研改革与“新基础教育”的重要联结点。因此，慎重挑选骨干，骨干先行试验，是开启学科教研的基础。

一、促骨干先行，初探教学核心理念

1. 选骨干教师，找出学校学科教研变革与“新基础教育”的重要联结点

教育活动总是伴随着教师一定的情感态度和情感体验，即教师固有的价值观念和行为习惯与其切身感受形成相对密切的联系。作为一个学科团队，我们在选择与确定骨干培养对象时，要对每位教师进行深入了解，包括教师能力、教师价值观念、教师成长意愿等方面，判断他们是否擅长把先进的教学理念转化为个性鲜明的教学行为，是否有开放的心态接受他人的建议，是否有较强的“突破旧我，创生新我”的成长动机。

以下是玉律小学英语组骨干教师陈笔峰在光明区“新基础教育”阶段总结分享会中的分享：

我和新基础的“Alice”

从刚开始加入“新基础教育”改革时的忐忑与激动，到现在的平和与淡定，不觉间已经过去一年半。在这一年多的时间里，我爱过、怕过、累过、困顿过，但庆幸我没有放弃。在专家卜玉华老师、新区教研员、学校领导及学科组成员们不离不弃的帮助下，我和我的孩子们发生了巨大的变化。下面我跟大家分享一下我和新基础的“Alice”（爱、累、思）。

（1）又爱又怕，我的第一节“新基础”

当得知自己有幸成为实验教师时，我欣喜若狂、兴奋不已，因为我向往“焕发生命活力”的课堂，我希望和孩子们在“新基础教育”的“成事成人”中成长。

然而，在接到研讨课的任务时，我又开始惧怕起来。没有模式、没有课例，对“开放、重心下移、生成、回收”等新名词还似懂非懂。当战战兢兢上完第一节课“My Face”后，卜老师的点评让我有了信心，也让我觉得其实“新基础”并没有那么缥缈，它就扎根在日常课堂中，它没有完全否定之前的教学理念，而是对其进行强化。我也第一次明白原来“开放”不是简单地把一个问题丢给学生，而是向学生开放、向学生的思维开放、向学生的意

愿开放、向学生的语言基础开放。

（2）累并快乐着，我的节点“新基础”

带着第一次研讨课的些许自信，我和两个班级的孩子们正式开启了“新基础教育”改革的长征之路。怀着不让学校太丢脸，也不让自己太丢脸的心态，对于每月一次的研讨课我丝毫不敢马虎，每次都早早做好准备，然后约学科组内所有成员一次又一次地磨课、评课、改课，由于学科组上下对“新基础教育”都比较茫然，大家也很难从“新基础教育”的高度给出太多重建建议，所以只能自己不断否定和推翻自己，绞尽脑汁不断重新设计。这其中的苦与累只有上过研讨课的老师才能体会。

但让人欣慰的是，经过每一次研讨课的苦与累后，我都能获得巨大收获，我开始越来越清楚地认识自己的优点，也越来越了解自己的不足。对研讨时卜老师和五校实验团队老师提出的问题，我都会记在心里，并留意其他老师在该方面是怎么做的，取其精华，去其糟粕。同时，在评课过程中，我也会特别留意自己的改进状况，听取大家的意见，并据此进行调整和完善。就这样，在一个个问题的解决与完善中，我看到了自己的改变，也看到了孩子们的成长，我享受着这份成就感与自豪感。

（3）且行且思，我的日常“新基础”

与“新基础教育”理论接触越多，就越了解它。经过多次研讨课，我突然发现，原来“新基础教育”不是说出来的，而是做出来的。于是，我开始将之迁移到日常课堂中，根据“新基础教育”理论的指导认真备好每一节课，充分利用担任两个平行班英语教师的机会，做好每一节课的初建与重建。我将每一节课都当作研讨课来进行实践、反思、重建、总结、提升。现在，不管多忙多累，不管班主任工作多么烦琐细碎，也不管教材配套教案、课件设计多么优秀，我都坚持用“新基础教育”理论重新审视并作出修改。

在之后接到研讨课任务时，我的心态也有了很大的变化，没有了当初的紧张、害怕、担忧，更多的是淡定与从容，也真正明白了“新基础教育”理念的研讨课不是为了“公开展示”，而是为了“研讨互助”，是无关任何颜面问题的。心理释怀了、心态开放了、压力没有了，研讨起来也就没有束手束脚的感觉，想得更多的是如何突破自我，进行新的尝试，向专家和实验伙伴们汇报自己近期的研究成果，以便确认自己的努力方向是否有偏差，同时也从大家的评议中寻找自己的下一个成长点。

从陈笔峰老师刚开始对“新基础教育”学科教研改革的向往、憧憬，到担心、害怕，再到坦然、从容，可见其心态逐渐开放，只有这样，才能潜下心来接受“新基础教育”理论，才能真正找到联结点进入“新基础教育”改革。

语文组贺功臣老师在学校挑选第一批骨干教师时，并没有被列入其中，因为他一开始对改革产生了些许抵触。然而，随着改革的不断推进，在一次契机中，他终于找到自己与“新基础教育”课堂教学改革的重要联结点。

品味新基础的“酸甜苦辣”

酸

“新基础教育”改革2014年在光明新区落地，我作为学校的教师，没有进入学校骨干第一梯队，心里酸溜溜的，在平时的观课、评课中也有一些酸溜溜的言论，总觉得“新基础教育”理论过于“高大上”，不接地气，光明新区的教师与学生会觉得水土不服。但随着时间的推移，我逐渐融入“新基础教育”，钻研理论书籍，与上研讨课的老师磨课、观课、评课，对“新基础教育”的了解越来越深，也越来越为其所折服。

甜

经过一年多的酝酿尝试，2016年，我校几名骨干教师开创了“阅读表演课”，在全区打响了品牌，受到华东师范大学李政涛教授与其他学校的一致好评。作为后来者，我从最开始的拒绝到接受、再到模仿，这期间我看到课堂中的学生有了令人欣喜的变化。我这才体会到“新基础教育”理论的魅力，才真正认同它。思想上的变化促进了行为的变化，我根据自身与所教班级的实际情况，在原有“阅读表演课”的基础上大胆探索“写作表演课”。2016年11月，我的一节写作表演课“创编童话”一经推出，立刻受到李教授的肯定与鼓励。2017年4月，在学校中期评估时，我推出了第二节写作表演课，得到了“A”的好成绩。2017年6月，我们学科组又受邀参加“全国教育戏剧高峰论坛”，并上台分享阅读表演和写作表演的经验，那时的感觉真是“从梢吃甘蔗——越来越甜”。

苦

度过了上升期后，瓶颈期就到了。写作表演课继续往前推进时遇到了极大的挑战。因为该课在全国属首创，还没有可以借鉴参考的案例，完全靠独自摸索，再加上华东师范大学李政涛教授对此课型的要求与期望值都很高，我必须针对课文内容进行舞台化的展示，必须寻找表演、写作与阅读更加深层次的契合点，否则路会越走越窄。我不断在网上查找各种与表演、写作相关的资料，认真研读并分析。那段时间的感觉就像徒手攀岩，每前进一步，都需要耗尽全部精力。但要感谢这段痛苦，它使人清醒，促人进步。在不断、反复的论证与尝试下，我对于课的定义、育人价值的挖掘、展开的逻辑以及未来发展方向都有了清晰的认识，写作表演课走向成熟。

辣

度过瓶颈期，写作表演课进入又一轮的螺旋上升期，这段时间可谓“春风得意马蹄疾，一日看尽长安花”。2017年10月，光明新区进行“新基础教育”三年成果展，语文精品课就在我们学校，我也被委以重任上一节“写作表演课”，向全区语文教师及领导展示汇报，李政涛教授和叶澜教授都莅临现场进行指导。课上完后，自我感觉还不错，但在课后的点评中，李教授和叶教授点评的焦点都集中在本节课的创意好，写作点与表演点结合较好，并提出与其做一场“高大上”与学生实际体验相去甚远的“梦想拍卖会”，还不如以日常班级活动中的颁奖活动为表演点。这说明我的开放度还需要再提升。这些点评句句如刀，字字如针，尖锐犀利又直戳要害，听完点评，我脸上火辣辣的，心里也火辣辣的——为自己理论的肤浅与狭隘，为自己“井底之蛙”的眼界感到惭愧。也正是这种火辣辣的感觉，让我明白了很多以前模糊混沌的理论，也让我看清了前进的道路。

总结

俗话说：“酸甜苦辣都是营养，成功失败都是经验。”经过这一轮的“酸甜苦辣”，这些经历体验都成为支持我前进的有形和无形的力量。回顾走过的路，自己在不知不觉中成长了很多。酸甜苦辣尝遍才知道“新基础教育”的真滋味，才能品味出生命自觉后的满足感、幸福感和成功感。

学校"新基础教育"改革的骨干教师并不是一成不变的，而是随着教师的发展状态不断补充、调整。学校管理层要不断解读教师在每一个阶段的状态，挖掘和吸收更多的教师进入"新基础教育"改革的行列，给更多教师"突破旧我，创造新我"的机会和平台。贺老师在变革中逐渐开放心态接受专家及同事的建议和意见，通过课程创新找到与"新基础教育"的联结点。

数学科组李彩虹老师与贺老师在加入"骨干教师"行列之前，有着相似的"观望"态度。

走进"新基础教育"，探索数学教学新天地

最初的介入

2017年9月，"新基础教育"改革继续在我校开展，当时的我只是在"岸上观望"，陪着同事们一起研究。当我看到吴老师每一次来学校指导我们都有一种"恨铁不成钢"的感觉时，我感到心惊胆战。2018年9月，时隔一年后，我"下水"了，当时学科组长刘老师鼓励我："不怕，我们已经有四年的试验，吴老师给了我们这么多的建议，我相信你一定能上好的。"带着刘老师的鼓励，我选择了六年级上册"概念教学"中的"百分数的认识"。准备这节课时，我反复琢磨吴老师在《"新基础教育"数学教学改革指导纲要》中对小学数学概念教学的分析，并针对教材进行了整合。为进一步开发本节课的价值，我创设了比较糖水甜度的情境，让学生在经历百分数的产生过程中感受计算简便，感受分母是100的分数里甄别表示两量关系的百分数，聚类归纳百分数的意义，体会百分数与分数、比的联系和区别；并通过丰富的情境变化，让学生理解百分数可以表示部分量与整体量的关系、两个不同量的关系、单一量变化前后的关系，从而真正理解百分数的丰富内涵。

当我上完这节课后，吴老师先肯定了我初次"下水"的决心，并对本节课的每一环节细致地进行点评。吴老师提出了三个建议：第一，什么是教学过程中教师的责任？怎样帮助学生感悟数据的变化？杜绝先学后教，必须知道学生的需求是什么。第二，教学要生成什么？第三，怎样提问才能锻炼学生的思维而不是锻炼老师的思维。教授的三个建议使我懂得了很多，没有学生主体参与的教学，不是成功的教学。回味着吴老师对我所说的话，我再次

回到课堂，尝试着在自己的课堂上慢慢消化吸收。

最靓丽的课堂

有了第一次的尝试后，紧接着，我对“概念教学”中的“正比例和反比例”，“数学建模”中的“比赛场次”，“复习课”中的“圆周长奥秘”这三个课题进行了研究和实践。之前感觉自己的备课有点粗糙，很多细节都会遗漏。所以在这几次备课中，除了电子稿以外，我还准备了手写稿，每一次出现新问题，就对教案进行修改，一稿不行，就写二稿甚至三稿，细化到每一句引导语该怎么设计，怎样的语言才能使学生理解得更清楚明白。特别是在准备“比赛场次”这一课时，我反复阅读《“新基础教育”数学教学改革指导纲要》中有关规律研究的概念形成过程，对照自己以往对这节课的分析，参考了常州市某学校有关这节课的优秀课例，并结合本班学生的认知水平与生活实际进行设计。如课前的导入从简单问题入手，初步让学生体会“化大为小，化繁为简，有序研究，寻找规律，运用规律，解决问题”的策略，为后面运用策略作铺垫。设计本节课前，我还对班上一些学生进行了一次摸底调查，针对比赛场次，男生可能对体育比赛感兴趣，对于赛制的理解优于女生，而女生在与小伙伴交往过程中，互赠礼物的情况多于男生，这些都和孩子们的生活息息相关，从这些案例出发自然有助于学生理解本课的知识。上完这节课后，吴老师给我的评价是：在这节课中，学生学到了两种方法，对有序研究的认识更加清晰；在整节课的推进中，老师的引导、点拨非常到位，老师不断引导学生经历从具体算式到一般算式表达建模的过程，以及运用模型解决数据问题，“比赛场次”这节课的目标自然而然水到渠成。

在备课过程中，学科组的老师也给予了我很大帮助。曹岭红副校长每次在我磨课后都会不厌其烦地为我指点迷津。当我在分析教材、数据过程中感到迷茫时，宋幸成老师及时出手为我解开谜团。当我在思考教案的设计而加班时，学科组的老师都会出现在我的身旁，为我出谋划策。“新基础教育”虽然使我一直处于高度紧张也极度疲惫的状态，但是，在这段时间里，让我收获了同事间的友谊，领悟了团队合作的精神。我想：每一位接受研讨课任务的老师都会有这样的体会：痛并收获着。

最华丽的转身

渐渐地，我在专家的指引、团队的帮助与自身的努力下，进入了正确的研究方向，两年来的研究，使我的教学理念与教学方式发生了转变，教育价值观、学生观有了进一步的更新，对教材的把握与剖析有了更深的认识。如今，在“把课堂还给学生，让课堂充满生命活力”的“新基础教育”理论感召下，我的思维方式也得以改变，看待学生与课堂的眼光都发生了变化。我把课堂慢慢地还给了学生，给予他们充分的时间，让他们将内在能量释放出来，课堂上呈现了一幕幕生生互动与师生互动的精彩画面，使我的数学课堂真正活了起来。“新基础教育”改革总是让我感觉到时间过得是如此之快，工作是如此之充实，研究是如此之频繁，它时时处处伴随着我进行教学实践与理论学习，同时进行反思提升，相信就像吴老师一直鼓励我们的一样，我们的进步比前期进入“新基础教育”改革的老师还要大，相信在专家的引领下，我们的工作将会更高效地运行。

李彩虹老师是极其幸运的。领导的关怀和同事的关心使她渐渐找到了与“新基础教育”的联结点。她的心态更加开放了，渴望成功的同时也可以坦然面对失败，因为无论结果怎样，她都会坚持不懈地朝着目标前行！她在“新基础教育”提倡的学生立场、互动生成以及“把课堂还给学生，让课堂充满生命活力”下不断发现课堂教学的幸福感与成就感。

2. 促骨干“试水”，率先探索“新基础教育”核心理念

针对“新基础教育”课堂教学改革提出的核心理念，骨干教师结合自身情况，在反复“试水”、模仿、移植中不断解读“新基础教育”核心理念，如重心下移、开放、互动生成、提升转化等。

“新基础教育”的英语教学一直在努力探索如何在英语课堂教学过程中让学生主动参与，激发学生思维，使学生不仅仅是一个动眼、动口、动耳的人，更是能够动脑筋的人，让学生真正进入主动学习的状态。要做到这一点，教师不能替代学生思考，不能将知识或答案直接提供给学生，而是应该将教学重心下移，在课堂上给学生思考的空间和时间，给予学生一定的学习工具和提问权，让学生基于自己已有的知识、经验，生成自己的思想和见解，收获新的知识和能力。

英语组周嘉玲老师在第一次与“新基础教育”接触的教学研讨中就对“新基础教育”课堂教学中的核心概念——重心下移有了深刻反思：

以前，我认为，一堂课上，师生配合默契，老师提出问题，有学生回应就可以了；学生在小组讨论中，只要开口就可以了。在接触了“新基础教育”理论后发现，这是“优生替代”和“重心过高”，这样的课堂，依旧是老师的课堂，师生之间没有真正的交流互动。

如何将重心下移，实现师生之间的真正交流互动是我的研讨课研究与学习的方向。

在学习如何将重心下移的过程中，我时刻提醒着自己以下几个问题：

什么样的课堂，什么样的教学设计才是“新基础教育”？

什么样的课堂才能做到重心下移？

什么样的课堂才能真正使学生成为主体，达到开放的目的？

带着这三个问题，我对课堂进行初建、重建、再重建。初建课中呈现的问题是重心过高，课堂的主导权牢牢掌握在自己手里，这让我认识到自己对“新基础教育”的理解是非常欠缺的，课堂呈现出来的依旧是：老师是主角，少数学生是配角，大多数学生是观众。在教育科组老师的建议和指导下，结合自己阅读的《“新基础教育”英语教学改革指导纲要》，我思考了以下几个方面：

首先，在设置问题时，要尽可能了解学生的情况（旧知、学情等），在此基础上根据本课的学习目标设置相应问题。本节课重点句型是“How’s the weather in +地点、月份？”，要充分激活学生已习得的旧知，让其有话可说。

其次，要有意识地改变自己固有的思维习惯，将重心真正下移，设计恰如其分的问题。只有贴近学生实际的问题，才能使每个学生独立面对问题，并参与解决问题。如此，不同层次的学生在学习过程中才能充分暴露问题，这样老师才能有的放矢地进行教学，将教学重心向全体学生下移。

再次，要相信每一个学生。当我们提出一个问题时，要留给学生充足的时间思考，如此，学生的思维才能真正放开，进而独立解决问题。课堂上，由于急于呈现结果，老师往往没有足够的耐心等待学生解决问题，结果导致学生在缺少充分思考的情况下便作出回答，其回答自然是杂乱的。而此时，老师又会习惯性地给予提示、引导，学生拼凑答案的现象自然屡见不鲜，所以提出的问题经过这样的处理，只能匆匆收场。究其原因，就是老师将学生置于旁观者的位置，对大部分学生而言，师生之间没有真正的交流互动，学生的思维水平也没有得到提升。老师对学生的能力缺少足够的信任，课堂教学就难以真正做到“重心下移”。所以在研讨课上，我学会了管住自己，把时间留给学生，在某学生回答：“When does autumn come?”时，我让学生思考，耐心等待他的回答，尽管最后呈现的答案不完美，但是，我从学生的脸上看到了自信和快乐。

最后，要真正关心学生的学习过程。老师不仅要充分相信学生，还要放下架子，同时深入每一个小组讨论中，认真倾听学生的讨论，关注学生的学习过程，这样才能发现学生在学习中存在的问题，才能有针对性地解决，而非仅凭经验、想当然进行教学。

周老师通过自己课堂的反思、重建、再反思、再重建，不断“试水”，积极探索“新基础教育”的核心理念——重心下移，在“且思且行”中不断将课堂重心下移，带领学生们体验英语课堂的魅力，激发学生思维，促进学生主动发展。

数学科组李彩虹老师在第一次“新基础教育”研讨课“百分数的认识”的教学反思中同样也提到了自己对“重心下移”的感悟：

尽管第一次上研讨课存在诸多不足，但让我清楚地认识到，必须将重心下移，在关注学生知识的构成过程中必须让孩子去体验、去感悟学习数学的必要性，出的练习题必须有层次，有拓展。根据吴教授和研讨老师的建议，我将继续研究研讨课，在原设计上再细细推敲、斟酌，力争下次上研讨课时有进步，有成长。

核心理念的解读要“试水”实践，更要阅读“明智”，只有这样才能不断模仿、实践、移植、解惑。

英语组骨干教师林梦雅老师在她的教学反思中曾提到：

这一节课虽然我有意识地开放，但由于本人对“如何开放”还处于思索的阶段，所以本次研讨课的开放是比较欠缺的。

在阅读《“新基础教育”英语教学改革指导纲要》第三章“新基础教育”英语教学的过程原理时，我发现可以将“如何开放”细化成以下几点：向什么开放，在哪里开放，向谁开放，以什么样的方式开放，开放之后如何回收资源，用什么回收资源等。结合以上几点，再反思研讨课，发现我对“开放”的理解还处于懵懂阶段，因此，我将朴教授、黄主任以及各学校老师的建议铭记于心，将其落实到行动中，多学习、多看书、多模仿、多听课，力求在以后的教育教学中创设“开放、互动、生成”的课堂。

有想法、想尝试新的理念是好事，但并不一定能“办成事”，我们除了要埋头实践，更要静下心来阅读，并结合自身实践进行进一步反思。

在“新基础教育”课题组专家的指导下，在各“新基础教育”改革学校的协助下，我校音乐组骨干教师黎雪珍从课堂教学入手，通过“学习——实践——反思——重建”的基本途径，努力在改革实践中改变学习方式、教学行为，在“新基础教育”研究的道路上迈实每一步。在谈到“新基础教育”核心理念“重心下移”和“学生立场”时，黎老师这么说：

各梯队老师不再害怕研讨课，更愿意主动上课，这得到了徐教授的好评，学科组老师也积极研讨。“把课堂真正还给学生，让课堂焕发生命的活力”就是要给学生留下思维发展的空间，让学生展开想象；给予学生锻炼能力的机会，让学生都能得到锻炼提高；给学生留足情感交流的时间，让学生感悟分享的快乐；给学生足够的实践演练空间，让学生主动、合作、探究，独立发现问题，大胆提出问题，创造性地解决问题。

二、琢梯队建设，初建骨干辐射方式

部分骨干教师的成长与发展只是“新基础教育”学科课堂教学改革的起点，其最终目的是带动全体教师发展，即以骨干培养为“杠杆”，撬动整个团队的共生共长。因此，明确骨干引领、辐射的责任意识是正式迈入学科教研新征程的标志。

骨干教师是学校教育、教学的宝贵资源，更是推动学校发展的动力。为更好地推动“新基础教育”改革的开展，在接触“新基础教育”初期，学校各学科便建立了第一梯队骨干教师（三人），骨干教师在教学中具有权威性并能起到引导作用，依托三位骨干教师本身的优势，发挥他们对学科组的辐射作用，促进学科组内各老师的教学能力和教学质量的提高。其中，英语科组的教师发展面临着双重考验：困境（对“新基础教育”的理解与内化）与挑战（在教学实践中运用新理念）。刚开始接触“新基础教育”的时期是老师们最为困苦和迷茫的时期，要勇于面对“自我”，走出“旧我”，重建“新我”，这样才能走上“新基础教育”的蜕变之路。

我校英语学科组长兼“新基础教育”英语学科第一梯队骨干教师陈笔峰就在英语科组中很好地起到了“杠杆”作用，使整个英语学科团队共生共长。

首先，从“被动的变革者”转向“主动变革者”。在接触“新基础教育”理论之初，陈笔峰老师便将自己看作改革的主体，一方面主动学习与钻研“新基础教育”理论，以它为基础，反观自身，将自己原本的教学方式和教育理念与“新基础教育”理论进行对比，找出问题的症结所在，对症下药，努力改变自身原有的教学模式，重建框架，并以“新基础教育”理论为内容撰写了研究生毕业论文；另一方面，陈老师在日常教学过程中，有意识地改变自身教学模式，让“新基础教育”走向日常，体验“新基础教育”所带来的效果，深化对“新基础教育”的认识。陈老师多次主动承担校内以及区级研讨课，将理论知识落到实践中，使自身更好地理解“新基础教育”理论的同时，为学科组老师们树立榜样，让更多的老师参与“新基础教育”的研讨。

其次，发挥骨干辐射作用，为教师发展搭建平台。随着学校多层面、多角度地推进“新基础教育”，陈老师在各方面发挥“领头羊”作用，如在教研活动方面、课题研究方面、学科组氛围方面起榜样作用。

（1）在教研活动方面，陈老师利用每周学科组研讨时间带领英语科组老师定期学习“新基础教育”理论，在每次研讨课之际，将整个学科组分为两个备课组，使得学科组内所有老师都能参与备课、听课、评课和重建课的活动。在日常教学过程中，陈老师还会邀请老师们采取“推门课”的形式听课，从而发现老师们在教学过程中存在的问题，与其探讨并解决问题。经过这样的锻炼，80%以上的老师都能承担不同层面的研讨课，在研讨课的活动过程中，老师们能够针对教育实践中的主要问题设计活动主题，做到目标明确、人员参与面广，活动过程有条不紊。

（2）在课题研究方面，陈老师多次承担研讨课并带动学科组内的相关研究，研究成果对本学科教学质量的提高有明显的效果，如单元整体设计、以故事为载体的语法教学等。陈老师鼓励科组内老师根据自身的情况，在每次研讨课之际撰写与课题相关的论文、专题式评课稿、反思与重建思路（上课老师）、研究困难与突破、文献研究等，经过两年多的实践，目前已形成较为系统的研讨方式，同时做到人人有事可做，学科组内的科研水平也得到了较大提升。

（3）在学科组氛围方面，经过陈老师的不懈努力，英语组的组文化初步形成。陈老师将学科组建设着重放在“成人”上，关注每一位老师的成长与发展，因此，英语组老师都有较强的归属感和荣誉感，能主动积极地参与各项学科活动，都有较强的成长欲望。

最后，师徒结对，共筑成长之路。近年来，学校踏上教学岗位的青年教师较多，他们虽然专业素养强，但教学经验不足，这制约了学校教育、教学质量的提高。为了让青年教师快速成长，陈老师主动与同年级新老师结成师徒，将自身的看家本领一一教给新老师，大到如何备好一节课、如何批改作业、如何进行个别辅导等，小到打磨一节课的课堂用语、调动学生的积极性等，使得每一位老师进步都很大。目前，陈老师的徒弟林梦雅老师、刘翠娟老师已经晋升为学校“新基础教育”英语学科新一批骨干教师，承担各级英语研讨课，参加教学比赛并获得优异成绩。

语文学科组第二梯队骨干教师李秀君老师在我校“新基础教育”课堂教学改革的两年多时间里，成长迅速，并快速晋升为第一梯队骨干教师。她在谈到自己的成长经历时，对学科组第一批骨干教师贺功臣老师对于自己的成长与发展的帮助有深刻的体会：

两年多来，我参与了多次贺功臣老师的研讨课，在一次次的研讨活动中，我发现贺老师每一次的教学设计都把学生放在第一位：设计前注重“对学情的把握”，设计中关注“学生需要什么”，设计后思考“学生可能会有什么收获”。贺老师时常提醒我们“注重理趣的结合”“注重问题导入——交互反馈——聚集生成——综合运用”的教学展开逻辑、“注重语用”等，指导着学科组老师们的每一次教学设计、教学展开、教学反思。贺老师不仅自己在成长，也帮助整个团队群体共生共长。

在以贺功臣老师为代表的骨干教师引领下，语文学科组的老师在不同程度上都采用了“新基础教育”的方式来进行教学。

最突出的变化是，老师们上课“开放”了。贺老师在自己的课堂教学示范以及科组内的研讨中不断提醒我们，一节好课是建立在老师“把课堂还给学生”的基础上的，是在“动态生成”的教学实践中逐渐推进。在课堂上老师要遵循学生的心理特点和认知规律，应当是个开放的系统。开放式的导入是开放式课堂教学的前提，开放式课堂的推进是多向性的，教学设计从学生的“学”入手，教学环节紧扣学生的学情，做到向全体学生全程开放。我们用开放式的方法进行识字教学，收到了较好的效果，学生自主学习的主动性和能力都有了很大提高；同时，在老师的指导下，学生的看图写话能力有了很大进步。“新基础教育”对老师的要求很高，设计教案时老师首先要有渴望意料之外情况发生的开放心态，只有这样，才有可能在课堂教学的过程中实现真正的开放，才有可能使教学的过程得到不断推进，才能实现育人的价值。

第二节　多层联动，推进学科教研新形态

一、联集体研讨，优化学科教研常规

1. 联合学科组集体备课，凝聚合作教研向心力

在每一次“新基础教育”研讨活动的“前移后续”研讨中，我们尽可能以多样化的教研形式让全体学科组成员参与教研过程，做到“事事有人做，人人有事做”。

“新基础教育”提倡全员参与，不仅要全体学生参与，老师也需要全员参与。全员参与就能产生合力，就能形成“共振”，这对于老师的成长有极大好处。

学校各学科组在最开始的“新基础教育”研讨课中采用的是“众星拱月”方式：上节点课的老师在正中间，以其为主来选课、备课、磨课，其他老师就是围绕在月亮周围的“星星”，观课、评课、提建议。虽然“星星”们能以不同的视角来为“月亮”出主意、想办法，但这种方式是割裂的，“星星”和“月亮”是有距离的，不在一个“轨道”，也不在一个“频率”，看起来很美很热闹，但力量没有办法集中。

随着“新基础教育”改革的持续推进，学校管理改革的重心一再下移，从学校层面到部门层面，再到学科组层面，各学科组文化建设的职责越来越清晰，教研活动内容越来越丰富、成员参与度越来越高。学科组内每个人都在不同方面承担责任人与合作者的双重角色，在学科组长的带领下逐渐形成一支具有高度凝聚力、战斗力的队伍。各学科组更是利用研讨契机，根据自己的学科特色及学科组特色组织设计不同形式的教研方式，真正让全员卷入“新基础教育”；同时也更好地凝聚学科组每一位成员，让不同阶段的每一位老师都有所发展。

例如，语文学科组将研讨课的模式变成了“织网式”：“织网”需要许多纵线与横线相互交叉联结，一层又一层，一道又一道，最后形成相互关联、共同进步的牢固的共同体。

具体的做法是“三横三纵”：

“一横”是指同年级老师一起备一节课，每人一份教学设计；“一纵”是指同年级老师进行一次集体备课，确定方案。这“一横一纵”就确立了研讨课的主体框架，在这一过程中，每个人都贡献了自己的力量。

“二横”指每一位老师按照讨论好的统一的教学设计在自己班上试课，课后大家一起评课，发现问题与亮点，并据此改进教学设计；“二纵”指的是上研讨课的老师针对改进后的教学设计进行磨课，并由全科组老师进行点评。

“三横”指的是上完研讨课之后，上课老师根据其他学校老师与华东师范大学专家的点评进行教学设计的重建；“三纵”是指根据重建的教学设计再由其他老师实施重建，然后形成全学科研讨组共享资料。

如此“三横三纵”，同年级同科组内的老师全部深度参与，而且举一反三，不断反复，螺旋上升。在研讨课的成型过程中，每一位老师不再是旁观者，而是参与者、推动者、力量贡献者。在这种“纵横织网”的过程中，每一位老师都获得了成长，从备课到上课再到评课，一轮下来，对于课型内涵的理解与认同感有较大提升。上课老师也因为集体思维的融合与碰撞，有了新的视角与体悟，为后续发展打下了基础。

英语学科组有另一种织“网”方式，促使科组全员深入专题研讨。

一是确定研讨主题并组织教研。每一阶段的研讨，英语学科组都会有一个主题，并在研讨前后的很长一段时间始终围绕这一主题展开系列教研活动。以学校于2018年11月30日承担的“新基础教育”全国共生体第四届英语专题研讨会活动为例，该活动研讨主题为“诗歌教学在小学英语教学中的育人价值”。

二是扎实节点活动的“前移”教研。老师围绕研讨主题，在节点研讨活动前期，以学科组为大单位、年级备课组为小单位进行集体备课、磨课、改课，尽可能让组内每一位老师都能参与研讨。英语学科组还有团队说课研讨，即除上课老师外的其他老师搭配分组，分别从选题背景、文献综述、教材分析、学情分析、单元统整设计、授课单课实施、“前移”教研中问题分析、课堂设计提升、课后学情分析等多个维度展开论述。在这个过程中，每一个环节都与授课老师教学设计的修改、课堂推进的变化息息相关，因此每一位老师都积极主动参与教研过程，在不同程度的参与中得到发展和提升。

三是及时梳理教研流程。进行研讨活动后，学科组老师从研究背景、概念界定、文献综述、理论的多轮“落地”尝试及思考再构、专家对阶段性研究的评价及建议、学生课后的学情分析、团队教研反思与新生长点等多维度进行及时梳理，总结系列主题的研讨经验，并寻找下一次研讨的新生长点。

科学学科组同样将日常研修、研究与教学三者有机结合，依托集体教研系列活动不断凝聚全体组员的合作向心力。

一是“全面撒网捕捉教学问题”。个人的解读不一定准确，需要教学实践的检验。在日常教学研讨中，为增加研究的频率，将重心下移，全学科组老师以开放的心态，强化“新基础教育”理念与课堂实践的对接，以“自报课”的形式，“收集”课堂的教学问题，确定全学科组共同深入研究的课型，筛选节点研讨课课题。

二是“互助互促”提高“学研力”。提高研讨价值，在确定节点研讨课课题后，不同梯队老师间以自助课的形式磨课，反思重建后形成磨课后的教学设计；

之后，再由同一年级组老师开展第二轮磨课，备课组老师全员参与，这样形成最后的教学设计。

三是在“专家引领”下实现“价值提升”。以研讨课为契机，借助“新基础教育”专家的指导，再次反思重建，实现教育教学整体质量的提升。

学校教研团队注重凝聚团队智慧，以实现不同梯队教师的个体成长。同时致力于寻找更好的“琢玉”之道，引领学生在活动探究中进行知识和生命的联结，在互动中寻找自己的生存意义，实现个体特殊经验的创造和拓展。

各学科联合集体教研，集集体智慧，使教研行为不断优化，让集体教研行为成为习惯。

2. 联合级组集体备课，拓宽集体备课深广度

为了让每月一次的研讨成为日常行为，学校“自上而下”进行年级备课组的建设，从集体备课时间的确定和备课要求的制定形成外力推动，为全员的“自觉生长”提供平台。以“集体备课”为抓手，以“备课组长”为引领，让“新基础教育”理念不止落实到某一个班的某一节课，而是落实到每一位老师，每一个班级。

同时，为了让集体备课发挥最大效益，各备课组不断强化老师的问题意识，善于对日常教学中的困惑、难点进行提炼、概括，并持续进行研究。英语组“以故事为载体的语法教学”这一研究专题，就源自于备课组老师的困惑，如三年级备课组老师提出三年级语法教学的“度”在哪，四年级至六年级老师也提出语法教学该如何落实。于是在深入跟踪、文献阅读之后，就有了“以故事为载体的语法教学”系列研究的尝试，旨在将语法课、故事课进行整合，为故事题材提供更多走向，也期许课型的变化让原本枯燥乏味的语法教学丰富多彩。

数学学科组宋幸成老师在谈到学科组集体备课时有深刻的体会：

“分数除法”是小学数学里既经典又难“啃”的课。为了“啃”下这节课，我们利用集体备课的机会，集合备课老师们的智慧，一次又一次地尝试，一次又一次地修改，年级五个班都在不断改进中上完该课。

当最后一个班上完，掌声响起时，我们才发现，“集体备课”中解决的一系列问题在孩子们身上得到了最好的检验。如在整体进入时，我们开始准

备通过简单的课件展示分数除以整数、整数除以分数、分数除以分数，虽然三种类型看起来包括了“分数除法”的所有类型，但是有的老师提出：这三句短语对于小学生来说，它只是一个抽象的“类”，并没有“形”。特别是对于成绩中下游的学生，并不能很好地理解其中的内涵，具体表现形式在学生的脑海中很有可能是模糊的。于是，大家建议：在抽象的“类”里，再让学生举例，如分数除以整数，顺着学生的思路出示类似的式子，学生就有了清晰的概念。

又如，原本在个例研究之后，老师只是简单展示三种解决问题的方法，然后进入下一个环节。这些独立散点式的解决方法，降低了教学的价值。大家建议在方法展示完之后，让学生根据已有的知识多观察，这样可以使学生在未来碰到新问题时能够“利用旧知来解决新知”，这是学习数学的巨大价值所在。如果不是集体备课的智慧，可能就会在不经意中忽略这一点。

在每一次集体备课中，团队所收获的绝不仅仅是关于这一节课的成果，在往后的教学中，都可复制、模仿。这是以前靠“单打独斗”所得不到的。

二、琢单元整体，提升学科教研功力

1. 琢教材内涵，理解关联递进

这里以英语教学为例，英语单元整体设计是先“自上而下”，之后“自下而上”设计教学过程，是目标再构、内容再构和过程再构的有机结合，是以提高学生语言能力为最终目的的教学模式。单元整体设计更注重一个单元内课时之间一脉相承，一以贯之的教学关系，既强调一课时层层递进，由易到难，更注重课时与课时之间的循序渐进，由浅入深。以单元为单位进行教材解读，将教师的教学放在一个个完整的、关联性与递进性强的知识网络体系中展开思考，使教学逻辑更加缜密、科学、严谨。

在英语教学改革初期，学校英语组的老师们对单元整体设计的把握不够准确，并没有从目标、情境、话题、知识内容、育人价值等方面实现真正的单元整体设计。以下是“新基础教育”课堂改革前期某位老师对于单元整体设计方面的反思：

我们三个二年级的老师分别上了第四课的第一、二、三课时，在研讨中，我们发现本单元的整体教学应由主语境、整体语境和分话题语境构成，但是我们三个人在备课时想得不太周全，课后经过反思发现，这三个课时，应该这样分配：

第一课时：Talk about Kitty；

第二课时：Talk about Kitty's friends；

第三课时：Talk about Kitty's new friends。

然而，我们在上课过程中没有注重情境的完整性，所以虽然上的是同一个单元，但是感觉课时之间没有联系，仍然按句型上课，根据对话课和故事课来划分。

随着英语教学改革的进行，也随着老师们对“新基础教育”理念的深入研究，单元整体设计越来越日常化，下面分享陈笔峰老师关于“A Day on the Farm”的单元整体设计。

小学英语单元统整设计浅析

——以“A Day on the Farm”为例

随着教师单课设计能力的不断提高以及学生学习能力的提高，单元整体设计呼之欲出，这也得到越来越多老师的重视，也有一批一线教师在日常课堂教学中展开尝试与研究。单元统整将教学视角提高到单元的高度，以话题为核心，以单元为备课单位，围绕单元目标及内容整体把握，统筹安排各课时的逻辑关联。因此，在单元统整背景下，学生对教学内容的理解和记忆不断加强，听说读写能力综合发展，学科核心素养螺旋提升。

研读教材，单元整体把握

实施单元整体设计，对教材本身的研读必不可少。这里提到的教材包括所教单元教材，也包括与本单元相关话题、语言知识的其他年段、其他模块单元的教材。

1. 纵向研读年段、模块教材

研读已学年段、模块相关话题、语言知识教材，才能对学生的已有知识储备了然于胸，才能找到原有知识的生长点，也叫新旧知识的“联结点”。只有这样，学生的语言学习才是网状而非散点、游离的。

“A Day on the Farm”单元涉及动物的词汇及介绍，即“This is/These are my...”句型。根据对学生相关知识的摸底可知，学生前期对话题“Animals in the zoo/Animals in the forest”都有了解，而且已经学习过介绍单数动物的句型即“It is...”(颜色、外形、简单的特性)。在谈论自己喜爱的动物类型（复数）时，可用“They are...”(颜色、外形、简单的特性)等句型。

另外，学生之前在听说层面初步学过祈使句“Don’t pick the flowers/climb the tree/ run/ cry”等句型。

2. 横向研读单元教材

对单元教材的研读，可为后续单元统整的目标设定、语境创设、内容统整、分课实施和核心素养的培养做准备。

（1）研读语言、语用，可把握单元整体语言知识目标。

（2）揣摩插画，寻找话题、语境“眼”，可确定单元主话题和课时分话题，从而创设各课时关联的语境。

（3）分析版块，结合各版块间语言知识的关联、学情分析以及学生知识的最近发展区，可进一步梳理及确定单元的总内容。

结合以上分析，教材编写的脉络是主人公Alice、Kitty、Joe、Peter和Miss Fang某天去参观Mr MacDonald的农场过程中关于动物的对话。

目标关联，内容统整

教学目标是课堂教学的出发点和归宿。老师通过研读教材，多层次、多角度分析各版块内容，挖掘教材插图和文本的内涵和外延，整体把握单元目标，并从单元整体架构的高度分解各课时的目标，在教学过程中达成目标。

1. 单元整体目标的定位

在日常的备课中，老师们越来越关注教材中的语言，通过语言确定知识、技能目标。但事实上，插图的编排与设计也值得老师深挖、揣摩，其中往往也隐藏着很多语言目标要求、情感目标要求。

以“A Day on the Farm”为例，通过观察语言文本，我们可以确定本单元的目标：

（1）掌握“Look and Learn”版块中的四个动物词汇，即cow、horse、pig、sheep的单复数形式；

（2）掌握“Listen and Say”版块和“Say and Act”版块中的祈使句“Don’t litter/throw stones/open the gate”等句型；

（3）会用“Say and Act”版块中的“This is/ These are my...”句型来介绍自己的农场动物；

（4）能区分“l”和“r”的发音规则，同时能够根据字母“l”和“r”的发音，拼读新词；

（5）能演唱歌曲《Old MacDonald Has a Farm》。

通过分析插图，我们可以确定本单元的目标还有：

（1）灵活运用祈使句“Don’t....”句型，理解命令、提醒及规劝的两种语用功能；

（2）能表达动物叫声；

（3）树立热爱动物、保护动物的意识。

2. 单课目标关联，内容统整

单元整体目标确定之后，为了更好地落实和达成，需要我们将其合理地分解到各个课时中去。而在这个过程中就必然涉及内容、版块的统整，同时，在教学过程中还要关注学生实际的学习情况和知识储备。

在课时目标的关联设计中，我们要注意知识的复现关联、目标的螺旋递进关联、话题语言的丰富关联、技能的递升关联等。目标的分解自然需要老师对内容进行统整，而在统整的过程中也必然要求老师对文本进行再构，以便更好地达成目标。

从语言知识目标来看，本单元的四个动物词汇较简单，且句型只有一个“Don’t....”，还有三个短语“litter、throw stones、open the gate”，难度较低，对于动物的谈论仅停留在“This is/These are my....”，于是，我们在课时目标分解上作了如下安排：

（1）第一课时：学习核心生词。感知并掌握本课核心词汇及句型，运用已学句型尽可能描述动物。

（2）第二课时：复习核心单词中的单复数和对动物的描述表达。学习短语“litter、throw stones、open the great”，并运用核心句型介绍农场规则，激活相关旧知识，并拓展“Don’t touch/feed the animals”等句型，灵活运用祈使句“Don't....”提出指令、要求。

（3）第三课时：用本课核心词汇及句型谈论动物，并灵活运用祈使句对不文明行为进行劝阻。最终，有序地介绍动物和规则，并尝试提升读写技能。

语境关联，话题衔接

语言的学习离不开语境，话题是语言的载体。因此，在单元统整的过程中，我们要寻找单元整体的话题、语境，更要将其分解到每一个课时中去。

1. 话题分解

在教材编写的过程中，一般只有一个单元话题，并在各课时、版块中围绕该话题不断展开学习，丰富话题。因此，在单元统整的过程中，老师需要将主话题分解为若干个相关联的分话题，也叫子话题。这些子话题与主话题的关系可以是各子话题叠加、镶嵌为主话题的关系，也可以是各子话题层层递进为主话题的关系。

本单元谈论的是农场动物及农场规则。为了能让学生知识更扎实、话题更丰富，本单元的主话题可设计为“A day on the farm”，而三个课时的子话题分别为“Animals on the farm”“Rules on the farm”“On my farm”。随着课时的开展，子话题不断叠加镶嵌，话题不断丰富，语言不断丰满。

2. 语境关联

话题设定之后，需要语境承载语言来丰富话题，这就需要在尽可能接近真实的语境中呈现、学习、运用语言。

从教材来看，本单元的语境是“Listen and Say”版块。“Say and Act”版块是孩子们在观看动物的过程中谈论动物和规劝他人的违规行为。考虑到三个课时的关联，本单元设计中第一课时的情景为在教室里观看Mr MacDonald宣传介绍动物的视频；第二课时情景为在农场门口，Mr MacDonald向孩子们介绍农场规则；第三课时的情景为孩子们在农场内谈论动物以及对违规行为进行劝阻。

这三个语境的设置以参观农场过程中地点的变更为线索，在关联的语境中不断丰富与主话题“A day on the farm”相关联的语言，让学生像经历故事一样学完整个单元。

结合目标、内容、语境、话题，我们重新设计了三个课时的辅助材料，并让学生粘贴在书本上。

分课实施，达成学科素养

新课程标准提出“学科素养”这一新概念，英语学科核心素养的培养与提升需要老师在课堂教学中落实，包括语言能力、思维品质、文化品格和学习能力四个维度。在日常的课堂教学中，我们很难做到每一节课都兼顾到位，但可以从单元整体设计的角度将之分解到各课时中去实施，从而达成核心素养的培养。

1. 关注思维发展

在单课的设计中，关注学生思维的提升，尽可能设置开放性的问题、任务，使之在观察、探究、推理、类比、创造中激发学生的思维，并在课时的推进中不断深化。

2. 聚焦语言能力构建

语言能力就是运用语言的能力，设计语言知识、语言意识和语感、语言技能、交际策略。体现在本单元中即从第一课时引导学生尽可能多地描述动物，到第三课时引导学生有序地说。

3. 引领文化品格导向

学科老师不但教给学生语言知识，还可以对其本身产生影响，包括人生命成长过程中的文化品格，如人文修养、行为取向、道德情感、价值观念等。

第二课时的规则学习可以培养学生的规则意识；第三课时中包容他人的过失、遵守规则，可以使学生养成良好的公民素养。

在单元整体设计方面，英语学科组不断探索、反思和研究，从最初仅仅只是走形式，到之后在目标、情境、话题、知识内容等方面对教材进行单元整体设计，到现在进行增加语用任务的单元整体设计，在这一过程中，英语老师们的教研能力也不断提升。

语文学科组李秀君老师在谈到单元整体设计时，提出：

所谓的单元整体教学，也就是把每一篇课文放在单元大背景下，通过对比关联分析进行教学，这不仅提高了教学的效率，更重要的是培养了学生的整体思维、关联思维、对比分析思维。

而将这种方法迁移到对教材育人价值的挖掘也是一个不错的思路。一个单元是一个整体，它们之间有着不可抹杀的关联性，特别是在传达的情感态度和价值观上有着不同程度的相似，但又各有不同，应通过不同文本的对比关联分析，将文本传达的育人价值表达得更加全面，更加开阔，使学生正确理解某一个观点，从而引导学生具有更宏大的视野。

经过一年对单元真题的探索与研究，我们认为，对孩子的引导，一定要落到他的生活实际，这样才能给出具体的指导方法，理论要联系实际。

纵观整本教材，如果我们只是割裂地去传授知识，那么学生的认知就是零碎的、片面的，认识的层次也会是比较低级的。从整本教材出发，从单元整体的教学观出发，用整体关联的理念来引导学生发现单元内不同文章之间传达的价值观，关注事物从不同角度呈现的不同方面，这对启发学生思维、引导学生多角度思考问题是非常重要的。

这种关联其实也是育人价值的反复或重复，从而达到强化的目的。

万事万物都是相互联系的，这个道理也适用于我们的教学工作。我们应该从整体的角度来分析，关注不同课文之间的联系，引导学生更全面、多角度地理解文章传达的道理，引导学生在更高的层面、更广的角度去思考问题，这样才能真正达到育人的目的。

2. 琢学生状态，转变教学立场

叶澜教授曾说：“真正能够促进学生主动发展的课堂教学一定是把师生的教学活动当作有机整体，‘教’与‘学’不再只是教学过程中的因素，而是不可分割的教学单位，师生双方在交互作用中形成相互规定，由相互规定构成有机的行为整体。”对此，教师应该打破传统思维，课堂中学生主动的表现不一定是举手回答问题，更不是落不到实处的同桌对话，而是将上课重心下移至每个学生，让学生基于自己已有的知识与经验构建自己的思维，通过师生对话、生生对话进行知识交流，从而生成属于学生自己的认识与能力。在备课时，教师不单单要注重课的设计，最重要的是要“备”学生，“读”学生。

在“新基础教育”课堂教学改革初期，我们对于学生的学情分析是这样的：

> 学生对英语学习有兴趣，有热情，课堂活动时，情绪容易激发，但是同时也很难跟上老师的进度，不能及时平静下来，这使老师在进行一些综合性的语言活动时有难度。同时，学生的注意力很难集中，而且集中的时间较短，主要是没有养成倾听的习惯。

以上学情分析太过笼统，只关注学生的一些片面的性格特征及学习习惯，对学生状态的分析流于形式，这一分析对课程设计及推进没有太多可借鉴的作用。

以下是接触“新基础教育”一段时间，英语老师在对何为“解读学生”有更深入的了解后在教案中对学生的解读：

> （1）学生生活经验。四年级学生对“朋友”的话题较熟悉，他们已经形成较稳定且涉及一定情感心理因素的交友意识，因此他们对这一话题的表达欲望也比较强烈，这对本课时语言的学习创设了极好的背景铺垫。
>
> （2）学生对相关话题的语言知识储备。首先，从话题来看，从一年级开始，教材及课堂上已多次出现以“朋友”为主题的教学内容。
>
> 其次，在人物介绍方面，学生对于第一人称、第二人称单复数的身材、相貌、五官、能力、爱好的话题相当熟悉，对第三人称单数也有不错的掌握，只是容易混淆his与her、he与she，这也为本课主话题“My friends”的介绍打下了丰富的语言基础。
>
> 另外，在服装话题上，孩子们已经两次学习相关话题，掌握了介绍自己穿着的句型“I have a....”，这有助于孩子们理解与掌握本单元服饰话题的表达及第三人称的转变。
>
> （3）年段学生性格、心理发展特征分析。本次授课的对象是四年级学生，在性格特征上，孩子们的整体性格特征开始慢慢分化，即活泼、开朗、喜欢展示与表现自己的孩子依然热情高涨，但部分孩子开始害羞，并开始慢慢收敛自己，越来越不想举手展示自己。因此在课堂教学中，我们注意尊重孩子们独立思考的机会和时间，同时也想通过同桌或小组合作、组队展示等

形式让学生相互带动，一起参与课堂活动。

另外，本阶段学生的思维从原来的图片、视频、实物等形象慢慢向具象过渡，并在英语思维含量、思想含量以及语言表达等方面进一步提升与发展。基于这一特征，英语课堂从原来的侧重感性趣味逐渐向理智趣味转型，将课堂的吸引力更多地从感性趣味的游戏活动设计向激发学生英语思维、逻辑判断、方法迁移等理智趣味挑战转变，旨在培养学生对英语学习的兴趣。同时，在故事教学课型中，为了进一步丰富故事的趣味性，我们除了根据教材学习第三人称描述性文章，也进一步挖掘故事中人物对话产生的留白，让学生在解读对话文本的过程中更好地完成人称的转化、人物心理情感的解读，同时提升故事的趣味性。

（4）年段学生的“最近发展区”及难点。虽然在中低年级的课堂中已经培养学生语用综合、语篇输出的能力，但学生的词汇量毕竟有限，因此语言的输入单位相对较小，词汇、句型较少，语篇较简短。而到了四年级，随着学习力的增强，必然要求增加学生的词汇量，句型也进一步丰富，文章篇幅也开始向后续的长篇过渡。因此，我们将尝试融合新旧知识及相关联的话题，加大语篇输入的单位，希望学生通过大量的输入最终促成输出的量的增加。

另外，低年级英语教学主要是以听说为主的口语交际学习，因此，课堂教学更多停留在说的技能上，到三年级逐渐向读写转型，四年级则开始全面提升听说读写能力，语言知识核心任务更加多样化。为了更好地进行说到写的过渡，我们在教学中通过家庭写话作业激发学生“写”的兴趣。从前几个单元学生的作业情况可以看出，孩子们在书写的精准化、语篇完整性、逻辑性、有序性上还是存在一些共性问题。为此，开设写作课也成为必然。

（5）授课班级学情分析。四（5）班学生的学习能力较强，英语学习热情较高，课堂气氛活跃，学习习惯较好，这也为第三人称单数转换的学习提供了有利的条件。同时，老师在之前单元的学习中也通过课堂口语交际、家庭写话作业等，有意培养学生陈述性语言的整体输入以及在读写上的输出，这也为本课时对写话的教学作了很好的铺垫。

在备课过程中，“备”学生显得尤为重要，作为老师，要了解学生的生活经验、知识储备、学习方式等，站在学生的立场上思考，只有这样才能更好地备出一节让学生真正成为课堂“主人”的课。

3. 琢教学过程，明晰教学策略

“新基础教育”要求小学阶段的教育做到真实、平实、扎实、朴实，这也就对教师提出了更高的要求。课堂教学过程中，华东师范大学吴亚萍教授建议老师们在常规教学中关注“五问”：问题开放了吗？重心下移了吗？会捕捉问题了吗？小组讨论时机对吗？有核心问题吗？吴亚萍教授提出，一定要结合学生学习的实际状况，针对学生身心发展的特点和规律，用朴实的语言来引导学生学习，从而最大限度发挥学生的主体性。这对于提升学生的数学素养，培养学生对于数学的兴趣都起到了积极的促进作用。

数学学科组李彩虹老师在读了吴亚萍教授的《课堂教学转型变革的策略研究》一文和《中小学数学教学课型研究》一书后，对于在小学数学教学过程中应用数学模型的价值有了根本性的认识与理解。这对后续教学过程中最大限度提升学生的思维能力，从而充分应用合适的数学模型打下了良好的基础。

李老师在“比赛场次”这节课中通过以下环节展开教学过程：

（1）提升学生的逻辑思维能力

① 提问：$11111111\times11111111=?$

铺垫：$1\times1=1$

$11\times11=121$

$111\times111=12321$

$1111\times1111=1234321$

$11111111\times11111111=?$

② 提问：你是怎么知道答案的？

小结：刚才的过程，给你什么启发？面对一个复杂的问题，可以“化大为小、化繁为简——有序研究、寻找规律——解决问题”。

设计意图：从简单问题入手，让学生初步体会“化大为小、化繁为简——有序研究、寻找规律——解决问题”的策略，为后面运用策略作铺垫。

③ 提问：101支球队参加足球比赛，每2支球队之间进行一场比赛。一共要进行多少场比赛?

设计意图：引出从小数据入手研究的解题策略。

（2）促使学生形成系列化思维

第一环节：了解单循环问题的基本方法并寻找规律抽象建模。

提问：3支球队参加足球比赛，每2支球队之间进行一场比赛，一共要进行多少场比赛?

设计意图：让学生从小数据入手研究，唤起已有经验，主动运用“连线”“图示”的方法开展研究，体会计算比赛场次之间的规律，并引导学生运用“表格”进行研究。

第二环节：从表格中寻找规律抽象建模。

首先，引导学生用列表的方法表示结果。

其次，引导学生经历从表格生成算式的过程：先观察每一行出现的场次都有3场，你可以用一个算式来表示吗？当出现算式$3\times(3-1)\div2$时，引导学生说说其中的“$(3-1)$”是什么意思，然后完善算式。

设计意图：引导学生经历连线、图示、表格逐步抽象为算式的过程，理解算式与图表之间的关系，掌握解决这类问题的一般策略，激发学生运用策略解决更多数据的场次问题，为寻找规律抽象建模提供素材与路径。这里要安排从具体到抽象的两次过渡，一次是10支球队，另一次是100支球队，怕样做的目的一是激发学生产生用字母表达的需求，二是为学生用字母表达算式奠定基础，引导学生经历从具体算式到一般算式表达建模的过程。

（3）有助于培养学生归纳概括，抽象表达

第三环节：运用模型解决问题。

从研究3支球队到研究4支球队，再到具象和抽象的两次过渡，引导学生经历从具体到一般的过程。

这样的设计充分体现了建模教学的基本原则，因此对于学生的学习能力提出了更大的挑战。数学模型的应用可以让学生提前认识具象到抽象的过程，同时也认识到这些数学素养在数学模型以及所学内容当中的作用，这对于培养学生的概括能力起到了促进作用。

在“新基础教育”环境下，在小学数学教学过程中引入数学建模课对于提升小学生的逻辑思维能力，培养小学生对于数学学习的兴趣都起了积极的作用。

就像一件珍贵玉器的成型，要经过“初胚——细琢——打磨”一样，任何一个教学设计、教学策略的完成也需要经历这样的一个过程。语文学科组贺功臣老师谈到他的阅读写作表演课时也表示该课也经历了不断雕琢的过程。

（1）“初胚期”。这个时期的课互动效果差，学生之间是割裂的，表演、阅读与写作也是割裂的。“初胚期”的课很热闹、很好看，但学生没有得到提升。

（2）“细琢期”。意识到“初胚期”所存在的问题后，贺老师将“评价”作为重要环节进行精雕细琢，首先，通过“表演点”来制定“评价点”；其次，将“评价点”通过“语言训练点”进行细化，形成评价标准；再次，将此“评价点”进行前移，在表演之前就进行渗透；最后，尝试将“评”这一环节作为“写”的重要支点。

（3）“打磨期”。通过一系统讨论与尝试，最终将阅读写作表演课的五要素定为“读、演、评、写、改”，这五点不是平行并列的，而是交叉融通的，其基本模式如下：

① 以读促演，以演促悟；

② 依据标准，聚焦表演；

③ 以评促演，有效表演；

④ 以演促写，巩固成果；

⑤ 评改结合，重建表演。

根据实际情况，还可以有不同目的与效果的组合，如“先演，再评，后写”“先写、再演、再改”“一演、一评、二演、二评”“先演，再写，改完再评，再演”等。

下面通过“指偶配音剧场——语言描写”的教学片断进行分析。本课的教学目的是运用上述阅读写作表演课的五要素，让学生掌握人物语言描写的四种方法。

老师：请同学们跟老师一起读一读教材第37页的第二自然段，体会一下语言描写的TSDD法。（师生齐读）接下来，有请一个四人小组上台表演，展示一下你们为人物设计的语言，台下的观众也有任务，看完表演后，你们要按要求进行点评哟！

（老师设置表演场景，放置森林背景与幕布并播放录音，一组学生佩戴指偶上台表演）

学生1：大家好，我是一个农民，今年风调雨顺，又要丰收了！扛起我的小锄头，再去田里转一转！

学生2：大家好，我是一名老师，下雨了，太好了，今天回家作业的作文题目就是《春雨》。

学生3：走过路过，不要错过，不要998，不要668，只要28，雨伞便宜卖喽！

学生4：我是一名科学家，我发明过很多高科技产品。看，这个智能手表就是我的发明，它可以查询很多东西呢！我们的表演结束，请大家点评。

学生5：我觉得你们演得都挺像的，每个人的介绍都和职业相关，都通过动作来配合。最有意思的是同学3，真像个商人！但是我想给扮演老师的同学提个建议，可以让人物吟一两句诗，如“好雨知时节”，这样就更像老师了。

学生6：我也给扮演科学家的同学提个建议，可以把高科技手表的功能演示一下。比如，一出场就报出今天的温度、湿度、人的情绪、状态，就像机器人大白的功能。

学生7：我也给扮演科学家的同学提个建议，还可以给这个高科技手表起一个好听的名字，比如，×××Watch。

表演的学生们：谢谢你们的点评。

老师：同学们演得好，评得也好，老师给你们点赞。通过你们的语言描述以及动作配合，一个个鲜活的人物形象就出现在我们眼前。好！看了表演，听了评价，如果你有了新的灵感，就用红笔在作文纸上修改。

以上教学片断将“读、演、评、写、改”五要素有机融合在教学环节中，让表演与写作相互融通，相互渗透，而且这只是阅读写作表演课中的第一个“自我介绍”环节，在接下来的“说服坏人”环节，又有新一轮的“读、演、评、写、改”，通过如此互动生成、螺旋上升的课程设置，课堂变得有趣高效。

第三节 多维联动，迈向学科教研新征程

随着学科教研改革的不断推进，教研文化的不断积淀，教研气氛的不断浓厚，学科教师的发展由原来的“外力推动”变为“自主自觉”，科组、级组两个层面的联动不断生产生更多维的联动，促使教师教研能力不断提升。

一、联多维共生，拓宽学科教研深度

1. 年级合作共生，跨年级合作共生共长

自2014年加入“新基础教育”改革以来，在华东师范大学“新基础教育”各学科教授的指导和帮助下，我们从最初的迷茫，到感悟，再走向主动研究，这一系列实践，让我们在“成事成人”中成长，为我们的教研带来了思考和活力。一路走来，我们从科组为单位的集体教研，到年级组为单位的教研，教研自觉性不断增强。

我校是广东省艺术示范校，美术学科组在年级合作共生上有独到的教研方式。美术学科教师的课程安排基本上是一名教师承担一个年级的教学，在以往的备课中，都是单打独斗，自己完成自己的教学任务。为了改变这一现象，加大教研的力度，促进每位教师的成长，美术组采取了集体备课的方式，在每周固定的教研活动时间里，每位教师分别展示自己的教学设计，反思并交流自己所遇到的问题与困惑，再由学科组其他教师进行点评，提出修改意见，最终集合科组的力量完成教学设计。

以下是美术科组针对《乌鸦喝水新传》的集体备课实录：

程老师：各位老师，上午好。我今天的说课内容是《乌鸦喝水新传》，本课的教学对象是三（1）班，课型是造型与表现。本课的教学目标是复习水墨画中的用笔用墨知识，运用水墨表现乌鸦的各种形态，并发挥想象力创编《乌鸦喝水新传》。通过情境设计，让学生在创作过程中学会多角度思考并解决问题。在本课之前，学生已经了解了水墨的基本知识，知道了用笔用墨的方法，尝试了小景小物的创作，但还未接触过动物类题材创作。而本课之后是一些新材料与水墨结合创作的课程，因此本节课在整个课程设计中起到承上启下和阶段性小结的作用。本课的重点是运用水墨创作《乌鸦喝水新传》，难点是用水墨画出各种形态的乌鸦。因此，我通过情境设计、问题互动、示范等方式，让学生自然而然达成本节课的学习目标。在学习“新基础教育”的过程中，我认识到具有生命力的课堂是有学生立场的、有开放性的、生长性的、体现育人价值的课堂。

教学设计的第一部分为导入，即一边播放图片，一边讲乌鸦喝水的故事。第二部分为教授新课，共分为八步：（1）看图片提问题；（2）分小组，分发信封，信封里有枣和鸡蛋的图片，让学生通过小组合作的方式拼出小鸟的各种形态，如抬头、低头、扭头、飞翔、俯冲等动态；（3）欣赏乌鸦的水墨画，总结墨色规律；（4）教师示范，讲解绘画乌鸦时需要注意的用笔用墨问题；（5）学生尝试画乌鸦；（6）故事创编，学生讨论、回答；（7）欣赏作品，提出创作要求，学生创作；（8）展示部分学生作品，师生互动、评价、总结。第三部分为拓展环节，欣赏大师们关于鸟的作品。本课的教学流程大致如此，希望各位老师给予意见和建议，谢谢。

詹老师：水墨画作为三年级的特色课程，结合学生在语文课上所学过的《乌鸦喝水》这一课，运用故事创作与水墨结合的创新，实现学科融通，比较符合三年级学生的学情需要。

李老师：导入部分，这个故事生动有趣，但学生已经非常熟悉这个故事，如果用较长时间来完整叙述，有点浪费时间，建议把这一部分放到后面，教师简单提示即可。

程老师：我可以改成教师提一句如“一只乌鸦口渴了，到处找水喝……”作为故事的导入，能使学生快速进入情境，激发他们的兴趣。

林老师：我建议讲故事这一部分可以放到后面的课堂中，导入环节采用欣赏名家作品，这样既有传统文化的渗透，又聚焦主题。

曹老师：在授新课这一部分如何引导学生认识小鸟的身体结构？

程老师：我觉得可以通过教师示范引导学生说出小鸟的身体结构。

詹老师：教师示范是以简笔画形式还是水墨画形式？我建议通过教师的提问，让学生来思考，主动认识小鸟的身体结构。

林老师：为了提高学生学习的自主性，可以提前布置作业，让学生在课前自主收集资料。

李老师：我还是建议教师用示范的形式让学生认识乌鸦的身体结构，这样在认识的过程中也进一步增强了学生对墨色变化的认识，对学生的创作更有启发性。

程老师：我觉得这个方法好，更加直观。

詹老师：小鸟的身体结构，不是简单地归为头、身体、尾巴等，更重要的是要了解乌鸦的动态规律。那我们可不可以在之前的基础上运用拼贴的形式来帮助学生掌握小鸟的动态规律？比如，用两个不同大小的椭圆代表头和身体，让学生根据动态进行拼贴。

程老师：我认为这样的活动方式更有趣，学生能够较好地接受，课堂推进速度快。

林老师：在了解乌鸦的身体结构后，学生就可以进行创作了。

李老师：在学生创作前，是否要再增加一次教师示范？在示范过程中，教师来讲解相关知识点，如中锋、侧锋及墨色的干湿应用，这样学生的创作效果会更好。

詹老师：请问这个班的学生对于水墨用笔、墨色运用哪一块比较薄弱？

程老师：可能在墨色运用这一块是难点，因为乌鸦本来就是黑色，学生在创作中可能会出现墨色单一的情况。

詹老师：我建议在教师示范前，先让学生进行尝试，再根据实际情况找亮点，通过问答形式让学生自己总结用笔用墨的方法，这种引导能锻炼学生自主思考的能力。

程老师：我觉得这些问题可以在教师示范时就先提出来，与学生说明，避免学生练习的时候出现这些问题。

詹老师："新基础教育"对我们提出了更高的要求，关键是要基于学生已有的知识与经验，促进学生进行多角度、多层次的独立思考，因此我认为让学生在实践中总结经验，比我们直接讲授技法效果更好，这样也能提高学生自主学习的能力。

程老师：好，我可以尝试一下。

曹老师：课堂进行到这里，应该已经过了十分钟了，根据课堂时间的分配，接下来应该进入拓展环节了。

林老师：本节课的题目是《乌鸦喝水新传》，那我们就要挖出"新"东西，小乌鸦是怎样喝到水的？

李老师：可以从"新办法"下手。

程老师：除了"新办法"，还可以从"新地点"引导，双管齐下，能促进学生进行多角度、多层次的思考，使学生的创作思维更加广阔。

李老师：我建议教师在提出"新办法"后让学生进行思考，在学生回答的过程中产生新问题，找到新方法。这个过程中要求教师敏锐地捕捉学生的观点。

林老师：这个环节是本节课的亮点，如果让学生围绕主题进行讨论，能够擦出更多火花，生生互动也可以使每个学生都表达自己的想法，教学重心再一次下移。

程老师：问题提出后我会让学生通过讨论总结出"新办法"，通过之前的讨论总结，我觉得有必要通过展示一些优秀的作品来启发学生的创作。

曹老师：作品可分为大师作品和同龄人作品。

程老师：我觉得这一环节用同龄人作品可能对学生的创作更有帮助，大师作品不太能紧扣本节课的主题，可以把大师作品欣赏放在开始导入环节。

詹老师：那在创作过程中要如何有针对性地进行个别辅导？比如，有些能力较强的同学画得快，基础薄弱一些的同学画得慢，这种问题怎么解决？

程老师：我觉得可以让画得快的同学在作品中添加辅助场景及其他丰富的细节；而对基础较薄弱的同学则要鼓励他画完主体，使画面简单而又不失完整性。另外，在学生作品展示评价部分是否将学生作品直接展示在教室后面的黑板上？在之前的美术课上我尽量将学生作品展示出来，但是发表意见的学生总是那么几个，因为时间限制也不能顾及全体学生，请大家帮我想想办法。

李老师：全部作品都能够展示出来固然很好，但是因为时间的限制，能够说出自己的创作想法、对别人作品进行评价的只有少数学生，是否可以把学生分成几个小组，让每个学生在小组内进行展示和互评？

林老师：小组内互评是一种有效的评价方式，可以在学生互评之前先对学生说明评价的标准和讨论的方向。

詹老师：还有讨论的内容和方法要涉及本节课的学习重点，这也可以用于检验学生对本节课内容的掌握情况。

曹老师：在课堂中哪个环节能体现学科育人价值？

程老师：我觉得是在前面的课堂推进中，现在很多孩子都没有见过乌鸦，我们可以以此作为着手点，让孩子知道正是因为环境的污染和人类的过度捕捉，乌鸦才越来越少见，并以此增强孩子们的环保意识。

李老师：这个建议很好，就放在第二个环节，讲解乌鸦的身体结构之前，问同学们：你们见过乌鸦吗？

詹老师：除此以外，我们还可以从大师的作品下手，让学生利用课余时间收集大师的作品。

程老师：我觉得詹老师的建议可以放在拓展这个环节，作为学生的课后作业。大家的建议我已经记录，我会重新进行教学设计，谢谢大家。

这种集体备课的方式有利于学科纵向知识的连贯，进行年段学生发展的研究，更能帮助年轻教师快速成长。同时，在集体备课过程中，“新基础教育”的理念也渗透到每一位学科教师身上，第一梯队骨干教师的研究经验深刻影响了第二、第三梯队的教师，使学科组所有教师共同成长。

2. 自发互学共生，构建共生平台

在“新基础教育”理念的浸润下，学校各科教师对该理念持有强烈的认同感，将“新基础教育”融入自身发展中，具有强烈的自我更新意识，将教育改革研究实践变为自身事业的一部分，具有自觉的反思和学习意识。这些都能在日常教研活动、制度建设以及团队教研氛围中得以体现。教师自发互学共生，并构建共生平台，更符合新基础教育“自觉主动生长”的理念。

美术学科组教师除了每周固定的教研时间外，不再拘泥于时间、地点进行教研活动，他们每天上完课后便带着学生作品回到办公室，与科组其他教师进行“微教研”。教师们看着作品研讨：本节课是否达成教学目标，解决了重难点？学生们是否拓宽了思路，自主用美术语言表达？作品中有哪些亮点与不足，是什么原因造成的？在“微教研”过程中努力反思并重组学生的“基础性资源”“原始性资源”“互动性资源”“生成性资源”等，形成教学的宝贵财富。一节美术课在一个星期里有五个课时进行实践，这意味着教师有五次反思与重建的机会。于是，他们在这种日常研究实践中强化教学设计、反思重建教学行为、内化新理念、获得新经验。

除此之外，本学科教师，在与不同学科教师的交流中，找到了研究的共同点，例如，美术学科教师探讨低年段音体美学科教学中学生的整体能力发展目标是什么？合作能力在不同年级、不同学科有什么样的体现？音体美教师参加其他学科的研讨活动，在活动中寻找提升点，有利于充分开发学科的育人价值。

英语教师之间自发相互听课学习，更是符合了“新基础教育”的“自觉主动生长”理念。英语组何伟英老师、刘丹妮老师自发组成一个学习小分队到谭宏老师的课堂上观摩，并在学习中挖掘本校教师的学习资源，也为自己提供了一个很好的学习范例。何老师在学科组网络平台上的分享如下：

> 刚刚听了谭老师的一节常规课，即第六单元第二课时，描述自己喜欢的动物，这是一节非常扎实的常规课。我学到了如何教授结构环节，指导学生构建语言框架并及时利用板书等其他有效资源，形成可供参考的陈述文本。还学到了如何指导学生尝试说自己喜欢的动物。课堂上，学生能够说很多句子，这说明谭老师在平时的课堂上非常注重课外内容的拓展和积累。谭老师的课从输入到输出，扎实到位，且非常注重培养学生的学习习惯，比如，学生的课堂倾听习惯和作笔记习惯都非常好。这节课让我受益匪浅。

刘老师也谈了自己的感受：

> 谭老师非常注重对学生的量输入，拓展了很多课本上没有的知识，即使

是拓展内容也没有走过场，而是扎实操练，反复滚动，孩子们的参与度和专注度都很高。

这两位老师听完课以后把感言在科组群里一分享，马上就有其他老师预约听下一次课，英语组中这样自主自发学习的年轻老师们有很多，不仅努力学习相关理论知识，还积极参与教研组备课讨论，努力提升自己的专业水平。骨干教师们的心态也很开放，他们开放自己的课堂，带领年轻教师们进行课题研究，整个英语组的学习氛围和教研氛围浓厚，教研能力也随之提升。

学科教研需要在长时间的实践和理论结合中进行，而非一次性过程。因此教师要明晰何为“共生共长”，从而实现教研的持续改进，逐步提高教学质量。

二、琢品牌创生，打造学科教研精品

1. 基于日常所得，收获教研成果

扎根日常的学科教研，将“新基础教育”课堂教学改革与学校特色相融合，打造具有“玉律”特色的本土化学科教研品牌。

语文组的表演课型得到了“新基础教育”语文学科专家李政涛教授的好评，论文成果《小学四类“阅读表演课型”的育人价值及其开发》被收录于“‘生命·实践’教育学论著”系列丛书《学科教学的育人价值及其开发》一书中。

小学四类“阅读表演课型”的育人价值及其开发

机缘巧合，偶得璞玉

在“新基础教育”理论提倡的“课型”理念下，光明区五所学校纷纷推出具有自身特色的课型。玉律小学也根据本校艺术特色，将表演与低年级语文的童话教学相结合，用表演的方式来理解课文中的重点词语与句子。

华东师范大学李政涛教授对此课型非常满意，他指出，“表演”的定位一定要清晰，它是为“培养学生语言能力”服务的，是为“阅读理解”“写作表达”服务的，并建议我们积极尝试表演与不同文章的结合。

因为这个课型在全国范围内尚属首创，没有什么经验可供学习与参考，

我们就摸着石头过河，兵分几路，尝试将表演与记叙文教学，与儿童诗教学，与说明文、写景文、小古文等文体结合，还尝试将表演与写作相结合。

随后推出的几节阅读表演课，受到了其他学校老师与李政涛教授的高度评价，他们一致认为表演这种形式带来的体验感可以积极有效地促进语言的学习，世界上很多国家或地区都在研究表演与学科的结合，这也是未来语言教学的一个趋势。

琢之磨之，熠熠生辉

一块美玉的诞生，光有好的胚石是不够的，还需要刀、锤的切、削、铲、刮，砂纸的反复磨砺。一个成熟课型的形成何尝不是这样。

“阅读表演课型”已经初成型，但要让其成熟，还有很多细致深入的工作要做。首先，我们从“表演”的育人价值开始挖掘，对课型的“根”进行定义：

“阅读表演课型”有着非常高的育人价值，它有助于激发学生阅读兴趣，有利于学生语言能力的提高，有利于丰富学生的生命体验。

“阅读表演”是指基于文本阅读，通过肢体，运用动作、语言、神态等各种元素领悟文本内容，对语言文字的输入和输出进行较为形象的外显。阅读是知识的输入，是对文本语言的内化吸收；表演则是知识的输出，是对内部语言的外显表达。“阅读表演”试图在输入和输出之间建立起联结的桥梁。

其次，我们继续细化横向子课型，将现有的童话阅读表演、儿童诗阅读表演、作文阅读表演、说明文阅读表演等分解成更加具体的语言训练内容。比如，“写作表演子课型”细分为“语、动、心、神、外、环”描写系列。同时，再进行纵向研究，如上述的“动作描写”在小学各个阶段需要达到的目标与达成方法。至此，课型教学内容与目标确立成型。

再次，是关于课型展开逻辑与教学建议的研究，从之前单薄的“读演结合”，到最后“读、演、评、改、写”五要素的有机融合，互动生长，螺旋上升。正是有了这些坚实的基础和正确的研究方法，课型才真正稳固。

在全体语文学科组老师的努力以及校领导强有力的支持下，四年来，“阅读表演课型”取得了丰硕的成果：语文组老师发表多篇论文，30多节现场课例获区级比赛一等奖或二等奖，语文组四位老师合著的论文被收录《学科教学的育人价值及其开发》一书，区级课题“‘新基础教育’理念下‘阅读表演课型’的探索与研究”也顺利结题。2017年6月和2018年11月在上海举行的“全国教育戏剧与学科教学研究论坛”上，语文组老师作为特邀嘉宾进行经验分享。

一块“璞玉”经过雕琢打磨，开始熠熠生辉……

2009年4月22、23日，“新基础教育”小学数学精品课全国研讨会在深圳光明区成功举行。此次研讨会由华东师范大学“生命·实践”教育学研究院主办，光明区教育科学研究中心承办，光明区六所学校协办。“新基础教育”数学学科负责人吴亚萍教授出席了本次研讨会，来自上海、江苏、福建、山东、内蒙古、河南等地的160余名学校骨干教师也参加了本次“小学数学精品课的底线要求和高标要求”专题研讨会。光明区6所学校的8位老师分别展示了8节不同的小学数学精品课，我校李彩虹老师面向全国“新基础教育”学校老师展示了一堂精彩纷呈的规律探究课——“比赛场次”，受到一致好评。本次专题研讨会的成功举行为我校数学团队发展再添动力。

美术学科组按照王婷校长“变普及为特长，变特长为特色”的思想，根据教师专业特长，在“新基础教育”理念的指导下进行课程研究，紧紧围绕国家课程标准，对教学内容进行整合，如一年级为线条色彩为主的儿童画课程，二年级为泥塑等手工课程，三年级为水墨特色课程，四年级为设计应用课程，五年级为科幻绘画课程，六年级为美术综合探索课程。在课型研究和教学内容整合的过程中，教研团队编制了水墨、书法教材，并进一步研究、改进与优化。在普及的基础上，挑选有专业特长的学生，再通过特色社团的培养，逐步形成教学特色。

美术组的老师们在改革实践中将理论与实际相结合，寻找研究的方向。老师们带着自己的课题在日常中将研究做实做深。美术学科组在近五年进行了四项课题研究，在这一过程中，老师们的思维变得更开阔，也开始进行更深入的思考。以美术组程风老师主持研究的“基于提升核心素养的小学水墨教学研究”课题为例，程老师对核心素养背景下的儿童水墨教学进行思考与实践。

2. 基于日常所思，激发教研内生力

教研组共研范式的形成，让教研产生内生力，形成了具有“玉律特色”的各教研团队的共研范式。

语文科组教研团队共研的“一二三”范式

“统一”产生共振

语文由于学科的特殊性，教学目标的统一很容易，但是在教学内容与教学方法上还是会有很多不同，很难统一。语文组的师资呈两头大、中间小的“哑铃型”结构，45岁以上的老教师与教龄小于两年的新教师人数多，比重大。老教师多年形成的教学习惯一时难以改变，而新教师又没有经验，如果没有统一的标准要求，就无法形成良性的成长之路。

所以，语文组形成团队教研范式的第一步就是：统一与步调一致，分级分组分工合作，最重要的抓手就是一周两次的学科组集中时间：周二是年级组集体备课时间，在这90分钟的时间里，对单元教学任务进行集中讨论，确定统一的教法，在下次集体备课时，还要先对此次备课落实的情况进行反馈。全年级语文老师的经验得到共享，优差互补，而且在反复尝试的过程中，能够形成可复制的经验。周四的科组活动时间，是老师们学习与交流的时间，单周周四是教学能力学习时间，双周周四是读书分享时间，不管是哪种方式的学习，目的都是统一的，都是以解决问题为导向。大家为了解决某一个问题，从各个方面与角度学习，最后进行分享，形成集体智慧，从而有效解决问题。

研讨课也是统一布局，统一行动，全体老师参与“三横三纵”式的磨课，既有分工，又有合作，相互启发，一节节研讨课带动所有人一起成长。

“统一”使科组成员上下一心，齐头并进。

“两个交流”形成合力

语文组形成团队教研范式的第二步是“两个交流”：第一是新老教师的交流，每个年级都是老、中、青搭配。每一个骨干教师带一个新教师，对其日常教学进行“手把手”的指导；每一个新教师也要确定一个研究课题，骨干教师的经验与青年教师的创意可以有效互补，这样就形成新老教师的双向交流，形成合力。

第二是“高低年级交流”。在作出分班安排时，将部分高年级老师往中低年级安排，这样高年级老师可以提供教学方向上的指导建议；同时将低年级老师往中高年级安排，这样低年级老师可以深入理解教学方向与目标。

交流的本质是开放，开放带来融合，交流形成合力。

“三目标”融通化简

每一个学期，语文组都会制定许多目标，用以指导本学期的教学工作，这些目标大致可分为以下三类：

一是完成本学期的语文教学任务，提升学生的语言文字能力；

二是弄清学校、家长、社会对于学生成绩的现实要求；

三是开展“新基础教育”研讨课。

语文学科组对教学任务进行整合与融通，化繁为简。以研讨课为“火车头”，按“新基础教育”的要求，在已有教法的基础上，提出本学期新的目标。老师将目标在落实到日常教学中时，会加上语言文字能力的具体年段要求，再加入学生成绩的评价，让评价多元化、具体化。

具体的做法是每个年级要做到备课与课堂教学融通，课堂与作业融通，作业与单元测试融通，单元测试与期中、期末考试融通。通过努力，现已开设“阅读表演课”提升学生课内外阅读理解能力，以及“写作表演课”提升学生写作能力，并通过具体的分数体现。

如此三头并进，不仅推动了课型发展，还提高了学生的语文学习能力，同时也达到了提高学生成绩的目标。

英语科组的“齿轮”联动共研模式

发动科组“大齿轮”，盘活团队教研文化

一是确定学科组集体教研专题。以“新基础教育”研讨课为契机，聚焦系列研究专题。二是优化学科组集体教研过程。

（1）盘活学科组成员。每一次研讨课“前移后续”中提前规划各发展阶段老师的研究侧重点，让每一位老师在研讨过程中明确自己的研究重心及目标，并借说课、撰写研究报告的方式，促使每一位老师在“备课——磨课——改课——再磨课”的过程中参与研讨。

（2）深化过程研究。集合全体学科组老师智慧的《以故事为载体的故事教学阶段性研究报告》的撰写让老师们意识到对研究过程的比较、记录的重要性。从问题的发现到解决方案的制定再到总结反思，“怎么想的”“想怎么做”“做得怎么样”“还可怎么做”这些思考与实践的记录能让老师们更好地看清自己做研究时的思维过程及方式。老师们希望继续深化对研究过程的研究，比如，做好学生的比较分析、做好年级学生英语学习力培养目标的优化、做好目标落实策略的总结梳理等。

联动各级“小齿轮”，促进各类教师成长

在学科组“大齿轮”的带动下，年级组教师群体、不同发展阶段教师群体这些“小齿轮”也要联动起来促进教师成长。

一是阅读随笔使理论知识得到提升。为提高老师们的理论知识，鼓励每一位老师多阅读并细化阅读学习要求。

二是年级集体备课使教师教学能力得到提高。研讨课授课的老师每月只有两位，因此只有让处于不同发展阶段的每一位老师都接触研讨课，才能更快提高教学能力。

（1）年级组集体备课，提高教师教材解读能力

每周集体备课时，各年级老师针对单元进行集体备课，为了检验老师们集体备课中的教材解读、教学设计能力，年级组集体备课的重点放在设计一个单元的课程上，同时要提交科组点评、反馈，弄清各年级单元整体设计的问题及优势。

（2）任课老师打磨一节课，提高教学过程实施及课堂互动生成之功

针对以上集体备课的教案设计，本年级所有任课老师同磨一节课，或分别上单元内不同课时，借打磨一节课或一个单元，让每一位老师都能在教学过程及课堂互动中有所提升。

（3）师徒结对助新教师成长

为了加快新教师发展，带领新教师尽快成长，我们采取了师徒结对方式。

① 理论学习指导。就每周一次的阅读随笔，指导教师针对新教师的感悟、困惑、反思等分析新教师对教学理念的理解，并进一步作出指导。

② 教学基本功指导。教学基本功包括学生常规管理指导、教学过程实施、反思能力指导。

首先，新教师在每单元教学过程中至少进入指导教师课堂听课一次，并在课后模仿指导教师进行授课，指导教师进行听课，重点指导新教师的学生常规管理、教学过程实施等方面。

其次，新教师要在听课、日常集体教研后积极撰写反思，指导教师在阅读他们的反思后，针对新教师的教学感悟、问题诊断、反思总结进行指导。

第五章

生活重构，追求师生发展新态

第一节　班级生活变革激发成长动力

一、班级岗位促全纳发展

班级生活是学生的群体生活，每个个体都在其中扮演一定的角色。班级小岗位作为班级组织机构的一种重要形式，在班级组织建设中起着相当重要的作用。班级小岗位建设能促使一个松散的群体凝聚为一个组织，进而把这个组织建设成为集体；同时，班级岗位建设也是班主任工作的需要，更是学生成长的需要。与班干部侧重于“管理、策划”不同，班级小岗位更加强调学生的“服务”意识，学生通过在小岗位上为班级服务、出力，不仅丰富了角色体验，锻炼了能力，还增强了责任意识、小主人意识，从而学会承担责任、发挥领导力，实现学生个体全面发展的同时也促进班级群体的共同进步。小岗位就是学生成长的舞台，也是班级凝聚力建设的有效措施。

1. 岗位设置，激发参与积极性

小岗位的设置遵循“需要”原则，关注学生当下的成长需要，同时立足于班级建设的需要。在教师的指导下，小岗位由学生根据班级生活的实际需要来设立，以实现“人人有事做，事事有人做”。

（1）设立班级岗位

在岗位建设起始阶段，可以由班主任根据班级实际需要提出，利用班队会让学生参与岗位的确定。班主任要引导学生发现班级所需要的岗位，如分发牛奶、午餐管理，等等，由学生根据需要提出班级所需设置的小岗位。这一阶段能够让学生以主动积极的态度参与岗位的建立，唤醒学生参与班级建设的意识。

（2）拟定岗位名称与职责

确定岗位后，让学生为岗位拟一个名字——“地板美容师”“眼保健操小天使”“桌椅先锋”等好听的岗位名称就诞生了。原本普通的小岗位，因为有了学生的命名而多了一些情感，学生也会更加乐意参与。随后，根据制定好的岗位职责，制定合理的岗位目标。这一阶段，班主任要鼓励学生思考和表达，激励他们更加积极地参与班级建设。

（3）自主认领岗位

小岗位的选择遵循“自主性”原则，即尊重学生意愿，最大限度地调动学生的主动性和积极性。

确定每个岗位所需的人数后，要向学生提出岗位工作的要求，如每天做、坚持做、认真做。在这一阶段，班主任要鼓励学生根据自己的兴趣、能力，选择最适合自己的岗位。学生清晰了解各自的岗位职责，经过班主任的培训和指导后即可上岗。

自主认领岗位能激发学生对岗位工作的积极性，有利于学生在岗位实践过程中尽职尽责，充分发挥自己的潜能，展示自己的才华，更好地为班级服务。

此外，岗位是多层次的，可以有必选岗位和自选岗位，如打扫卫生的值日岗位就是必选岗位，每个人都要参与。于是，每个学生就有了必选岗位和自主选择的岗位，形成了人人有多个岗位的情形。

（4）竞聘上岗

在学生自主选择岗位的基础上，由老师根据岗位所需人数以及个人能力进行协调，以确保“人人有事做，事事有人做”。在自主认领岗位时会出现“一人多岗”和“一岗多人”的情况，“一人多岗”的情况下能够很好地锻炼学生，强化他们的责任意识。如有多人选一岗，就要竞聘上岗。玉律小学李秀君老师带领一年级小朋友开展的“给我一个岗位，我能行”就是典型的竞选活动。

表5-1是李秀君老师班级“给我一个岗位，我能行”的活动过程。

表5-1 “给我一个岗位，我能行”活动流程

活动目标 1. 通过岗位展示活动，让学生了解岗位职责 2. 通过竞选活动，让学生了解竞选小岗位模式 3. 以粉丝团支持竞选者的方式，培养学生的合作能力			
班队会环节	教师活动	学生活动	设计意图
回顾前期活动	老师边讲述边出示图片（通过前期活动，个别岗位已经建立；竞选者招募粉丝团和智慧团收集学生建议和问题）	观看视频和图片	激发学生参与活动的热情
展示小岗位成果	1. 请出牛奶分发员 2. 采访牛奶分发员	牛奶员边解说边演示工作过程	引导学生了解小岗位的具体职责，同时要有认真的态度和好的方法
核心过程推进	1. 请出竞选人及粉丝团 2. 抢答环节，请出智慧团，随机互动 3. 鼓励竞选人为自己拉票；采访观众，引导学生再次看到竞选人身上值得大家学习的闪光点 4. 组织投票、唱票	1. 竞选人展示 2. 竞选人抢答 3. 竞选人拉票	通过竞选人与粉丝团的展示，体现团队合作精神，突出竞选人的创造能力，增强学生自信心和参与的积极性
活动总结	对整个活动作出总结	倾听	肯定学生的付出，引导学生有意识地按要求完成任务，鼓励大家相互学习

2. 岗位轮换、升级，体验角色丰富性

（1）岗位轮换

班级的建设是动态的。教师可根据班级、学生的实际情况，进行岗位轮换和岗位调整。教师可以引导学生讨论是否有进行轮换的必要，给予学生更多的自主权。岗位轮换也可遵循学生自主报名、教师合理协调的原则，就轮换周期而言，还要遵循“适时”原则，针对不同的岗位，可以以天、周、月、学期、学年等为单位进行轮换。

这一阶段主要通过岗位的轮换为学生提供更多的锻炼机会，丰富学生的岗位体验；通过轮换，学生能与不同个体进行合作，有利于学生开放心态，促进班级的进一步融合。

（2）形成岗位组

为了方便管理，也为了培养班干部，更是为了进一步促进学生之间的团结协作，可以根据班级岗位的性质对岗位进行分类，如可以将班级的岗位分成学习组、纪律组、卫生组、礼仪组，设立分组的同时学生可以竞选岗位组组长。岗位组的设立有利于促进学生之间互帮互助、友好协作关系的形成，也能强化学生的责任意识。

表5-2是李秀君老师班级的岗位组设置情况。

表5-2 一（5）班岗位设置一览表

<table>
<tr><th>岗位名称</th><th colspan="2">岗位负责人</th><th>岗位职责</th></tr>
<tr><td>班长</td><td colspan="2">丁嘉婧、陆涛</td><td>统筹管理各个部门的工作，激发兴趣，指导工作方法</td></tr>
<tr><td rowspan="4">学习组</td><td rowspan="4">组长：柯笔涵</td><td>作业小助理：
语文：邓蕊冰
数学：覃英才
英语：黄楚柔</td><td>每天早上第一节课上课前，准时收齐各科作业并交给老师，午休后准时发家庭作业，并协助老师布置当天的家庭作业</td></tr>
<tr><td>电脑小管家：庞国浩</td><td>电脑、投影、扩音器的开、关及维护工作</td></tr>
<tr><td>图书小管家：卢志贤、李吉媛</td><td>班级“书吧”的整理、维护</td></tr>
<tr><td>导读小老师：黄雪怡、王梓乐</td><td>每天早上领读，管理早读和午读</td></tr>
<tr><td rowspan="4">纪律组</td><td rowspan="4">组长：丁嘉婧</td><td>课前督察：邓蕊冰、陆涛</td><td>第一次铃声响起时，提醒同学们做好上课准备</td></tr>
<tr><td>整队员：丁嘉婧</td><td>每天放学清点人数，并整理队伍；做好校园舞的领队工作，并指导同学们跳好校园舞、创编班舞</td></tr>
<tr><td>课间“黑猫警长”：郭玉萱、蒋岱汐</td><td>负责课间走廊、教室、厕所的安全文明工作，发现冲跑打闹等不文明现象时及时劝导</td></tr>
<tr><td>眼保健操督察：符萱</td><td>监督眼保健操纪律，做好示范工作</td></tr>
</table>

续表

岗位名称	岗位负责人		岗位职责
礼仪组	组长：易子健	礼仪督察员：易子健	文明礼貌检查工作
		校服监督员：文佳豪	校服穿着检查工作
		红领巾监督员：杨艾欣	红领巾佩戴检查工作
卫生组	组长：冯欣瑜	桌椅美容师：钟晓琪、龚莉纯	桌椅的整理工作
		水瓶美容师：刘佳俊	水瓶的整理工作
		地板美容师：陈昱初、黄奕乾	教室地面的保洁工作
		牛奶分发员：徐驿哲、韦宇航	每天负责牛奶分发及垃圾回收处理
		黑板讲台美容师：尹莱希、曾新婷	及时擦黑板，保持黑板整洁及讲台保洁工作
		节能小卫士：庞升旭	开、关灯及消毒工作
		书包管理员：冯欣瑜	书包管理及教室柜子的保洁工作

（3）岗位升级

同一岗位在不同的班级发展阶段，有不同的岗位发展要求。这时往往要调整岗位职责，以更好地提高班级生活质量。在班级发展过程中，有些岗位的设置已经没有必要，可以进行删减；而随着班级生活的开展，有时也需要增设新的岗位。

以下是玉律小学林梦雅老师所带的三（3）班开展的“岗位升级我助力”活动流程及部分课堂实录。

表5-3　“岗位升级我助力”活动流程

活动目标 1. 通过“岗位升级我助力”活动，引导学生为班级建设出谋划策，提升学生动脑思考和策划的能力，实现学生的自我管理和自主管理 2. 通过岗位升级，提高班级日常管理效率，同时也为学生提供良好发展和表现的平台 3. 依托小队和各岗位组，进一步培养学生的合作能力，使学生有更丰富的交往交流方式
制定依据 1. 活动背景 上个学期，我们班进行了班级文化建设，对班歌进行了改编，本想借此增强班级的凝聚

续表

<table>
<tr><td colspan="4">力和荣誉感，但是效果不够明显，我意识到步子走得太快了，要回到班级岗位建设中去，这更适合我们班级的发展状况。
因此，在开学初，班级进行了新一轮岗位竞聘，将班级设置的小岗位分为四个组，分别是“学习岗位组”“纪律岗位组”“卫生岗位组”和“服务岗位组”。每个组分别由两个小组长负责管理，每一个组里又分为若干个小岗位，分别由小队内部队员承担。刚刚开始岗位实践时，每个学生都充满热情，所以开学几周效果不错。但是，慢慢地，孩子们的岗位工作热情明显减退，各科学习劲头也不足，因此，我们每一天都对岗位工作进行评价，在文化墙上设置“能量格”，被点赞的小岗位可以在相应岗位组的“能量格”上加分，这样既提高了孩子们的工作热情，也能让他们发现，哪一些岗位为班级付出较多。此外，班级每月进行明星岗位评选，激发岗位工作热情，使学生健康发展。
经过半学期的岗位实践与评价，学生们都已经熟悉并胜任自己的岗位，最近一段时间，有学生反映，有的有岗位无工作，有的有工作无岗位，有的岗位职责不明，有的岗位职责不全，有一小部分岗位虽然岗位名称不同，但是工作内容差不多，可以合二为一。同时，一些学生发现有些岗位现在已经不需要了，而有些事务却没有岗位在管理。学生们已经不满足于简单的岗位，为了满足他们的实际需要，在和他们讨论之后，决定进行岗位升级，让他们主动为班级岗位建设出谋划策。
2. 学生实际
从岗位竞聘到岗位评价，三（3）班的孩子大部分有了纪律意识、环保意识、服务意识，能够承担岗位工作的责任，完成岗位任务，但有部分学生还是没有积极主动参与班级事务，对于各种活动也不上心。另外，在活动初期，孩子们热情高涨，但过了半学期，孩子们就进入倦怠期。孩子们发现在岗位评价时，说来说去都是那几句话，成就感慢慢减退。所以，这次班队会给他们提供了一个平台，让他们优化升级岗位，让他们展示自我，实现积极主动的发展。</td></tr>
<tr><td>班队会环节</td><td>教师活动</td><td>学生活动</td><td>设计意图</td></tr>
<tr><td>导入</td><td>1. 带领学生唱班歌
2. 回顾岗位工作，师生互动，谈谈岗位工作感受
3. 展示调查问卷结果，点题“岗位升级我助力”
4. 回顾前期准备工作，激发学生热情</td><td>谈论岗位工作收获，思考调查问卷结果，谈谈原因，回顾“岗位升级”的前期工作</td><td>引导学生回忆，为核心推进作铺垫</td></tr>
<tr><td>核心过程推进</td><td>1. 说明汇报内容与汇报要求，引导各小队为汇报做准备
2. 组织各岗位组进行汇报，其他学生提出意见，以小队为单位进行修改讨论</td><td>1. 小队根据汇报内容与汇报要求，准备汇报岗位工作
2. 其他学生根据各岗位组的汇报，提出意见和建议</td><td>进行岗位组与岗位组之间的交流，从而提高学生动脑思考和为班级出谋划策的能力，让学生意识到人人都要参与班级的建设与管理</td></tr>
</table>

续表

总结延伸	1. 进行方案修改，确定增添和取消的岗位 2. 组织各岗位组进行第二次汇报	各岗位组根据意见进行修改和整合	通过岗位升级，让学生产生做班级小主人的意识

以下是“岗位升级我助力”活动中环保岗位组汇报过程的实录。

大家好，我们是环保岗位组。

汇报员1：我们组发现班级经常在卫生方面被扣分，特别是信息课、美术课等在别的教室上的课，所以我们通过讨论，准备修改桌椅小管家的岗位职责，请看修改前后的岗位表，这里增加一项，即美术课、体育课、信息课上课前检查同学们桌椅是否摆好，还需要检查桌面和桌肚。

汇报员2：我们认为这样修改，可以改善我们班被扣分的情况，大家觉得怎么样？请说说你们的想法。（请其他学生回答）

汇报员3：有没有反对的同学？如果没有，我们请执行该岗位的同学进行分享，有请桌椅小管家。

汇报员2：另外，这次我们想增设几个岗位，一是讲台管理员，负责下课整理讲台，让老师上课有好心情；二是工具箱整理员，因为我们发现值日生经常乱放工具；三是室外保洁员，我们觉得除了室内的保洁员，室外也需要有保洁员，提醒大家垃圾不落地，看到垃圾捡起来。

汇报员1：这是我们想增设的岗位，请问大家有什么意见吗？

汇报员1：谢谢大家的建议，另外，我们想撤销“健康小卫士”这一岗位。之前流感期高发时，为了同学们的健康，我们每天都在班级里喷消毒水，现在流感高发期过了，我们决定撤销这个岗位。大家觉得怎么样？

汇报员1、2：谢谢同学们给我们的意见，我们会好好记录。

3. 岗位评价，提高工作有效性（提升学生责任感）

岗位教育离不开岗位评价，主要是对学生岗位工作进行反馈。通过岗位评价给予学生有针对性的岗位指导，有助于学生明确自己的岗位职责，让学生反思自己的岗位工作，在相互评价中学会欣赏他人、尊重他人的劳动成果，促进学生之间相互学习。

（1）教师评价

岗位评价可根据学生年段特点进行，低年级学生的评价能力相对比较欠缺，一开始可以由老师统筹评价。老师基于低年级学生的发展特点和成长需要，评价时侧重于鼓励和帮助，评价的过程中要让学生明白老师为什么奖励他，哪儿做得好。通过老师的引导，让学生明确岗位工作的方向，同时激发学生岗位工作的积极性。

（2）自评与互评

当学生对岗位职责形成一定的认识并积累了一些工作经验后，就可以开展自评和互评，这时可将岗位评价的权力还给学生。

实施评价时，引导学生对自己和他人在岗位实践中的表现进行及时反馈，评价其在岗位上是否尽职尽责、工作效果如何、岗位组或岗位的管理能力是否得到提升。这样可以通过岗位交流带动其他岗位的学生做好自己的岗位工作。

① 自评，可以利用午会时间，让每个学生填写岗位自查表，思考自己在岗位工作中的亮点与不足。

② 互评，通过全班学生的口头评议或者填写岗位评价表， 评选“岗位小能手”，积累一定的次数后，可被评为“岗位小明星”。

老师收集反馈结果后，需关注评价较低的岗位，从而发现问题，并对相关岗位学生加强培训。 在自评与互评中促进岗位负责人的自我认识，这样的评价方式促进了学生之间友好合作 、互帮互助氛围的形成 。

表5-4是李秀君老师班级“岗位组，评一评”的活动流程。

表5-4　“岗位组，评一评”活动流程

活动目标 1. 通过展示岗位组工作的亮点，让学生明确岗位职责，促进学生的自觉服务意识 2. 通过观众与岗位组的互动，增强岗位工作自信心和参与的积极性 3. 以采访观众和投票的方式，培养学生的评价能力			
班队会环节	教师活动	学生活动	设计意图
导人	1. 师生互动，形成融洽的班级氛围	师生互动，观看图片	激发学生参与活动的热情

续表

导入	2. 回顾前期活动：边讲述边出示图片，肯定孩子们在前期活动中的表现		
明确评选流程	1. 明确四个岗位组 2. 引出小主持人 3. 讲解评选环节	认真倾听	使学生了解评选优秀岗位组的具体流程和要求
核心过程推进	1. 根据学习组的表现，引出评价优秀岗位组的标准 2. 互动交流，通过提问点赞或提出建议的方式引导学生提出互动话题 3. 鼓励和肯定礼仪组的工作 4. 鼓励学生参与游戏 5. 采访学生，引导学生再次看到岗位组成员值得大家学习的闪光点 6. 组织投票，达到票数即为优秀岗位组，并颁奖	1. 学习组：介绍学习组成员，让表现突出的图书小管家展示工作 2. 卫生组：介绍卫生组成员，值日生现场指导 3. 礼仪组：岗位成员自我介绍并互动 4. 纪律组：介绍纪律组成员，课间“黑猫警长”重温课间游戏 5. 投票、唱票、颁奖	通过展示岗位组工作的亮点，体现团队合作、协助配合；让学生明确岗位职责，增强学生自觉服务意识；通过点赞的形式，增强学生自信心和参与的积极性
总结延伸	总结	谈谈收获	肯定学生的付出和成长，鼓励大家相互学习

通过多元评价，能够使学生学会更全面、客观地评价自己和同学的岗位工作，获得更丰富的岗位实践体验，坚定做好岗位工作的意志，同时也使班级生活充满活力。

总体来说，评价的目的在于激励和引导，引导学生在评价中总结，在评价中反思，更好地促进班级岗位的建设。

二、小队建设促交往提升

如今对“小队”的理解，大多来自于少先队的解释。小队在少先队大队、中队的组织带领下，可以以小队为单位开展少先队活动。在当代教育背景下，小队广泛存在于学科教学和实践活动中。

二年级是培养组群合作的有利时期。从一年级的岗位建设到二年级的小队合作，是学生适应小学生活之后由“个体生活”意识到“群体生活”意识的转变。小队建设不仅能促进学生学会合作，还能促进学生学会共同生活、共同承担、共同进步等。它对学生的个体性和社会性发展都起到促进作用。以下依照二年级小队建设与发展实际，简要探讨小队发展各阶段如何有效促进学生发展。

1. 第一阶段：启蒙阶段

该阶段的核心价值在于帮助学生从个体生活顺利过渡到群体生活，并且通过老师的组织、学生的主动参与，接纳小队群体并融入自己的群体角色。这不同于一年级的小队群体生活，是一次群体生活初体验。因此，这个阶段可以通过“小队，你好”的班队会活动让学生认识小队，记住小队各成员，并且尝试群体交往，发展新关系。

这个阶段的组织，可以有以下形式：

（1）以座位距离进行组合，这是最常见的班级日常小队组合形式；

（2）以特长兴趣组合在一起，这适合成立项目组小队；

（3）以能力强弱组合在一起，这是一种帮扶类的组织形式；

（4）以家庭住址远近组合在一起，这适合假期活动。

小队建设也扎根于班级日常生活中，以班级日常的丰富生活来促进小队的发展。在班级日常生活中，小队可以有以下两种类型：

（1）同类岗位组合小队，一个小队负责一类岗位，即以小队为岗位组，如劳动组、学习组等；

（2）异类岗位组，即小队不以功能类别划分，一个小队同时存在多种岗位，一个学生同时属于两个小组，一个是小队，一个是岗位组。

相比较来看，异类岗位组建设难度稍大，所以小队建设初期可以尝试同类岗位组合小队。但是，异类岗位组有一定优势：（1）每一个学生代表自己的小队出现在岗位组，他们的岗位工作成绩与小队荣誉相关；（2）每一个学生同时分属于两个小组，对于提升自身的团队合作能力有更大的帮助。

家长们主张利用非教学时段带孩子参与课外集体活动，以此来开阔孩子们的眼界，培养孩子们的综合能力。所以，班主任结合实际情况，让孩子们根据家庭住址远近结合在一起，成立不同的小队，以便后期开展活动。表5-5是二年级某班第一次以小队为单位的活动方案。

表5-5　主题班队会设计方案

<table>
<tr><td colspan="4">活动目标
1. 感受、发现队员的长处，促进队员之间互相认同
2. 初步体验小队合作的快乐，增强小队的认同感和归属感
3. 让学生在活动中认识小队成员的家，便于今后开展以小队为单位的活动</td></tr>
<tr><td colspan="4">制定依据
二年级是在组群竞争中培养合作意识和能力的有利时期，这是二年级学生发展的一个重要特点。因此，根据二年级学生的发展特点，需要建立小队，使学生成为小队的一员，让学生经历和体验小队内的合作和小队外的竞争，培养学生的合作意识和合作能力。
小队建立之初，学生的合作意识和合作能力都比较欠缺，因此需要让他们感受合作的重要性，使学生形成合作意识，明确合作的具体要求。本班学生活泼好动、聪明机灵，每一个孩子都很优秀。但是他们的个人主义明显，缺乏合作意识和集体荣誉感，也不善于发现别人身上的优点。结合本班这一现象，我提议开展周末小队系列活动即“小队去哪儿”系列活动，孩子们表现出很高的热情。希望通过该系列活动，逐步培养孩子们的合作意识。
由于我们的周末小队是根据地理位置组队的，各小队成员之间并不是很熟悉，为了便于今后开展以小队为单位的系列活动，我们决定开展此次“小队寻家记”活动，让学生在活动中认识小队成员的家。</td></tr>
<tr><td colspan="4">系列活动
“小队去哪儿”系列活动：
1. 小队萌芽记
2. 小队寻家记
3. 小队成长记</td></tr>
<tr><td>班队会环节</td><td>教师活动</td><td>学生活动</td><td>设计意图</td></tr>
<tr><td>导入</td><td>回顾前期工作，包括活动的准备阶段</td><td>回忆</td><td>导入主题</td></tr>
<tr><td>核心推进</td><td>1. 引导各小队分享“小队寻家记”活动的经历和感受
2. 展示小队合作的成果</td><td>1. 各小队在谈感受的基础上总结收获
2. 全班交流互动</td><td>让各小队互相交流，提高学生解决问题的能力，感受团队的力量</td></tr>
</table>

续表

活动延伸	总结	1. 小队内部为本次活动中表现优秀的队员点赞 2. 获赞少的和获点赞多的学生谈谈自己的感受	促进学生发现队员身上的优点，增强小队的认同感，在今后的学习生活中能够主动学习别人身上的优点

本次主题活动定为“小队寻家记”，我们以社区位置划分小队，活动目标是在小队成员共同努力下，绘制一份涵盖所有队员家庭的线路图。本次活动结合了学生的实际需要，也结合了学生的年段特点，所以学生参与的积极性很高。这为班级以后开展活动打下了很好的基础，也给了笔者一些启发，那就是一定要从学生的需要出发，事前也要让学生明白活动开展的意义及目标。

2. 第二阶段：组合阶段

本阶段也是文化初建阶段，其核心价值在于理解自己与小队群体的所属关系，并且通过参与小队队名、口号、队徽的设计和推选小队长等活动初步形成有机的小队群体形态。这是合作关系产生的开始，在参与小队文化建设的过程中，“发表意见”体现了学生参与小队活动的主动性，“倾听思考”体现了小队队员的责任感，“协商一致”则是小队队员合作成功的体现。

这一过程是小队建设的基础阶段，为之后的小队工作提供了重要的活动和文化认同基础。在具体组织中，班主任要鼓励每个学生发表自己的意见，并且在小队文化确立之后主动喜欢自己的小队和小队文化。小队文化是小队成员的共同特点或者代表着他们的共同追求，通过小队来建立属于自己的独特的标识，以区分自己小队与其他小队的不同，从而产生小队认同感与归属感。然而，小队文化也会随着活动的开展和意识的转变逐渐丰富。

下面以二年级实际开展的活动“熠熠生辉——设计小队队徽”活动为例。

1.活动准备阶段

（1）观看图片，交流想法

队徽对于二年级的孩子们来说是一个比较抽象的概念，所以在活动开展前，我们便在网上找了一些如少先队队徽、奥运标志等给孩子们欣赏，并启发孩子们思考设计小队队徽时应该注意什么。在孩子们充分表达之后，引导孩子们从外观以及作品的设计是否与小队名称相吻合这两个方面进行队内讨论。

（2）我的队徽，我设计

孩子们对小队队徽初具印象后，我们便鼓励他们把自己的想法通过绘画的方式呈现，并裁剪下来做成独立的图标，便于为接下来各小队设计队徽提供元素。在这一活动过程中，还邀请美术老师为孩子们提供指导，在美术老师的指导下，孩子们的作品各种各样，显示了他们对自己小队队徽的理解。例如，梦想小队的成员有的用翅膀，有的用热气球，有的用飞船作为图标元素。

2.活动策划阶段

虽然二年级孩子自主策划活动的能力还比较弱，但他们在小队齐亮相、设计自己小队的队名与口号时初步体验了小队合作的乐趣，所以他们的积极性比较高。在这一活动过程中，我们邀请家长参与，在家长的协助下，各个小队成员利用周末时间制作自己小队的海报，为接下来展示小队文化做准备。

在制作小队海报的过程中，孩子们学会了分工合作，如有的同学负责绘画，有的同学负责剪纸，有的同学负责写字等，他们通过活动体验了合作的乐趣。

3.活动实施阶段

在前期活动中，每个孩子都准备了自己设计的图标元素，各个小队也制作了小队海报。到了班队会上，各个小队要做的就是通过商讨确定自己小队的队徽，然后再把队徽粘贴到小队海报上，进行展示分享。此设计的目的是让孩子们通过讨论确定小队队徽，丰富小队文化内涵；同时通过共同建设小队文化，增强小队归属感与文化认同感。

以下为其中一个小队的展示环节：

老师：好了，每个小队都在有限的时间内确定了你们的队徽，也完成了小队的海报，老师想请刚才最快讨论出结果的小队和我们分享一下，你们小队是如何快速确定队徽的？

（学生回答）

老师：你们发现没有，虽然我们每个人都有自己的想法，但是在小队合作过程中，也要懂得去接纳小队其他成员的想法，这就是老师经常和你们说的，小队成员要团结协作。现在到了比较激动人心的时刻，每个小队是不是都特别想上来展示你们小队的队徽、海报呢？

（齐）是。

老师：看看哪个小队在待会儿的展示中能达到老师的要求。

（老师出示倾听要求与展示要求）

老师：有请快乐小队。

快乐小队：大家好，我们是快乐小队。

嘉麟：我们是用一个笑脸作为小队的标志，我们希望每个人都能快乐学习，快乐成长，这也是我们小队的口号。

怡诺：大家可以跟着我们做。

（合唱）如果感到快乐，你就拍拍手；

如果感到快乐，你就跺跺脚；

如果感到快乐，你就微微笑。

子轩：谢谢大家的配合，现在你们快乐吗？

（齐）快乐。

子星：能为大家带来快乐，我们觉得太开心啦！记得每天都要笑一笑哦！

（齐）谢谢大家，请为我们点评。

学生：我想给快乐小队点赞，因为我觉得他们的笑脸画得很漂亮。

老师：老师想请问一下，你们小队是怎么决定用笑脸作为队徽的？

学生：因为我们每个人一开始画的都是笑脸，所以我们就投票，谁的笑脸票数最多，就用谁的。

老师：哦，这个方法很不错。在你们的图案都差不多的情况下，可以采用投票的方式决定，这值得其他小队借鉴，谢谢快乐小队。

4.活动反思、总结经验

孩子们从本次活动中体验到了小队合作的乐趣，同时也培养了小队合作意识。课间时常会看到小队成员围在一起讨论怎样设计小队名称、口号，队徽要怎样设计看起来才会更加美观；有的小队长也会组织队员利用课间聚在一起排练，小队长的领导力在慢慢显现。

所以，在日常的班级组织文化建设中，应让孩子们从活动中体会合作的乐趣，这样孩子们才能真正有话可说，才能更好地表达。

建立小队角——以“小队角、大智慧”活动为例

一、活动背景

开学之初，我们班已经成立小队，并逐步开展了“小禾苗秀”系列活动。小队成员之间已比较熟悉，但还要增强队员的认同感和归属感。班队会上，我和孩子们交流：“我们已经成立了小队，并且有了自己的队名、口号，还通过‘小队齐亮相’展示了各小队的风采，我们还可以做什么呢？”有的学生提出图书柜除了有三格用来放书之外，其余都空在那里，既浪费又不美观，建议让每个小队承包一格，作为每个小队的队角。为了提高孩子们布置小队角的兴趣，我在班里说明，人人都要参与，最后由全班学生一起评出小禾苗中队的“最美小队角”。

二、活动目标

1. 通过小队角的设计、布置，培养小队成员之间的合作能力、合作意识。

2. 让队员体验小队合作的快乐，增强队员的认同感和归属感。

3. 通过评选“最美小队角”，以小队之间的竞争促进小队内部的合作。

4. 通过小队活动培养小队长的领导意识。

三、活动过程

1. 小队齐策划

我们班有六个小队，各个小队都有自己的队名、口号。在此次评选“最美小对角”活动开展之前，我们班还开展了两次中队活动，一次是各小队一起讨论如何布置自己的小队角并商量如何分工，另一次是各小队讨论评选“最美小队角”的标准，然后全班交流得出评价标准。

2. 小队齐排练

各小队商量如何将自己小队布置的小队角展示给全班同学，然后找时间排练。表演时要结合自己的小队文化，将小队角布置的过程体现出来，还要自信大方。

3. 小队齐展示

老师：在我们的班队会上，同学们一致认为可以让每个小队承包一格图书柜，用来展示各个小队的风采，还给它取了个名字。经过各小队的精心布置，小队角已经焕然一新。今天，我们就要评出“最美小队角”，现在就请各小队介绍自己的小队角。

在小队展示时每位同学要思考一下：你最想给哪个小队点赞，为什么？对于他们的展示你有什么建议？

以下为六个小队分别上台展示汇报：

（1）新闻播报追梦小队

主持人1：亲爱的观众朋友们，大家上午好！欢迎收看小禾苗电视台。

主持人2：现在是2048年10月30日。

主持人1：玉律小学二（1）班追梦小队的同学都实现了自己的理想。

主持人2：现在走来的两位是人民教师。

主持人1：这位是著名的侦探。

主持人2：眼前这两位是明星。

主持人1：这位是科学家。

主持人2：这位是消防员。

（学生走完台就站回自己的位置）

主持人1、2：我们也实现了自己的理想，成为主持人。

（齐）我追梦、我努力、我实现、我快乐。

（两个男生走到前面）请看这是我们布置的小队角，这里摆放的人物形象都是我们的理想，时刻提醒我们要努力。

（齐）我们的汇报完毕，谢谢大家。

（2）快乐小队

（齐）大家好！我们是快乐小队。

队　长：我们要把我们的小队角演出来，大家请看！

队员1：吴仪雯、杨漠涵快来排练呐，大家都在等你们！

队员2：哎呀！队长都请假没来学校，我们还练什么呀！

队员1：队长不在，我是副队长，我可以带大家一起排练啊！

队员3：排练好累呀，不想去！

队员1：我们是一个团队，如果大家合作把小队角演给大家看，我们就有可能被评为“最美小队角”。

队员2、3：嗯，我们知道错了，我们大家一起排练吧！

（一只小蚂蚁蹲坐在地上，耷拉着脑袋，自言自语）一个人实在是太无聊、太孤单了，遇到难题不会做。

（蹦来两只小蚂蚁）我们可以教你呀！

（两只小蚂蚁想了一会儿，摸摸头）哎呀！我也不会。

（又蹦来三只小蚂蚁）我们一起来想办法吧！

（齐）习题做完了，我们一起去玩吧！

（齐）团结合作、快乐学习、快乐生活。

（3）飞翔小队

（齐）大家好！我们是飞翔小队，我们的口号是……

队员1：请看，这是我们一起布置的小队角。经过讨论，我们决定每人折一只小鸟代表自己，折直筒人代表老师和家长。

队员2：我们本来不会折小鸟，是曾羽灵手把手教我们的。

队员3：我们希望在老师、家长的关爱下好好学习、自由飞翔。

（齐）我们的汇报完毕，谢谢大家。

（4）精灵小队

（齐站二排，背对观众，手摆在背后（像一双翅膀）跟着音乐的节奏点点头，音乐结束后动作停）

（齐）大家好！我们是精灵小队，我们的口号是“精灵，精灵，我最聪明”。

队长：这是我们设计的小队角，我们每个人都亲手做了一个小精灵代表自己，后面的背景是一片森林，我们希望自己像精灵一样聪明又可爱。

（齐）我们的汇报完毕，谢谢大家。

（5）阳光小队

（齐）大家好！我们是阳光小队。

队员1：你看，这些人物都是我们自己画的，代表自己。

队员2：我们小队在一片绿色的草地上开心玩耍。

队员3：这些空气植物向阳而生，就像我们。

（齐）我们沐浴阳光、快乐成长。我们的汇报完毕，谢谢大家。

（6）梦想小队

（齐）大家好！我们是梦想小队。

队员1：“梦想号”要出发了，要上船的赶紧准备好船票。

队员2：你的梦想船票是什么？

队员3：学好美术，当画家。

队员4：成为一名军人，保卫祖国。

……………………

队员1：人齐了，梦想号要出发了。

（齐）我们的汇报完毕，谢谢大家。

4. 小队齐交流

各小队讨论最喜欢哪个小队角，想对哪个小队提出一个问题或建议，然后全班交流。接着，各小队再次讨论，想一想将“最美小队角”投给哪个小队，然后把手中的贴纸贴在他们小队的队名下。

5. 小队谈感受

获选“最美小队角”的小队派代表发表获奖感言，接着，其他小队说说自己的感受。

6. 活动总结

本次活动是小队成立之后第一次带有竞争性质的活动，孩子们都非常开心，都说特别喜欢这样的活动。此次活动提高了小队的合作能力、沟通能力，也增强了队员的认同感和归属感，同时增强了孩子们的自信心和语言表达能力。各小队遇到问题时也会想办法解决，小队长的领导意识逐渐突显。

3. 第三阶段：促进阶段

学生开始真正的小队生活后，对活动实践和分工合作表现出极大的热情。考虑到小队还没有丰富的自主活动基础，活动的开展可以由简到难、由内及外。

各小队可以开展同样的活动，活动内容可以以班级常规日常生活，乃至学科学习为主。这一过程中，小队成员有简单分工，以自身努力完成所负责的任务来确保小队成功完成活动。

在小队合作能力得到一定提升之后，学生的活动需求也会有所提升。在活动主动性和班级生活自主性的驱使下，各小队可以依据小队文化或小队特点开展不同的活动。同时，对小队生活、小队活动进行及时反馈，给予学生个体聚焦性的教育，从而使其判断自己所在的小队与其他小队的差距，促进小队之间相互学习，提升小队之间的合作意识。

培养二年级小队合作精神

——以小柳苗中队“情暖冬至”活动为例

一、活动背景

二年级学生已经适应了学校环境，开始形成集体意识和竞争意识，而在学生集体意识发展的过程中，合作精神显得尤为重要。我在二年级第一学期开始便建立了小队，尝试在小队中培养学生的合作精神。冬至是节气中的一个重要节气，可借此培养学生的传统文化意识，同时结合二年级小队建设的需要，做好节日活动育人价值的开发工作，于是，我们决定举行“情暖冬至”这一主题班队活动。

二、活动准备

决定举行有关冬至的班队活动以后，我就发动各小队寻找有关冬至的背景知识。有的小队了解《冬至九九歌》，有的小队查询冬至的来历，还有的小队了解冬至的南北文化差异等，我将各小队汇总的资料做成一个演示文件， 然后利用一节课的时间向所有孩子普及冬至知识，并分享冬至的传统文化习俗，使孩子们对冬至有了大致了解。

三、活动过程

1. 活动策划让小队合作萌芽

2018年12月22日是冬至，正值周六，为了让孩子们利用周末进行假日小队活动，我们精心准备了活动策划课，这节课主要围绕情暖冬至活动的形式、时间和地点等细节展开。孩子们讨论的气氛非常好，很快达成了一致，确定了活动的形式。太阳小队做手抄报，书虫小队做饺子，成长小队做汤圆，小虎小队踢足球，星星小队做感恩卡。接着，各小队确定时间和地点，这时，孩子们开始出现分歧：“老师，周末我要去学习舞蹈。”“老师，周末我的爸爸妈妈都不在家。”各种各样的声音出现了。

这时，我示意大家暂停讨论，然后开始引导他们："你们遇到的困难，都可以通过合作来解决，我相信你们的智慧。"果然，孩子们继续商量，如果这个时间不行，可以换个时间；如果小队长的爸爸妈妈不在家，可以安排另一个小队成员组织活动；如果下雨，可以换个地点来开展活动。

下课铃声响了，小虎小队确定了周日下午在玉律公园踢足球，书虫小队确定了周六去瞿嘉诺家包饺子，其余小队还没有商量出结果，我告诉孩子们可以建立讨论组邀请各位小队成员和他们的家长一起来讨论。后来的结果告诉我，这一办法非常有效，有了家长的参与，很快就确定了活动的内容、地点和形式，有一位妈妈甚至把分工表都做好了，如表5-6所示。

表5-6　活动分工表

小柳苗探冬至，齐聚会	
书虫小队成员	瞿嘉诺、张晓华、周子轩、周子怡、董杏丽、吴淳琪
活动时间	2018 年 12 月 22 日上午 9：00
活动地点	红星村东八巷六号 3 楼
活动主题	包饺子、迎冬至
主　　食	猪肉玉米虾仁饺子、芹菜木耳猪肉饺子
分　　工	1. 买食材：瞿嘉诺 2. 剥虾：全体成员 3. 绞肉：张晓华 4. 剥玉米：董杏丽、吴淳琪 5. 蒸饺子：周子轩 6. 煮饺子：瞿嘉诺 7. 包饺子：全体成员 8. 辅助：全体家长
点　　心	1. 烤鸡翅 2. 炸鳕鱼 3. 炸鸡块 4. 咖喱丸、牛肉丸 5. 饮料

孩子们在策划会的讨论过程中体会了什么是合作，有了合作，任何难题都能迎刃而解。

2.过程实施让小队真正实现合作

参加活动的学生来到活动地点后纷纷开始行动。在爸爸妈妈的带领下，在小队长的组织下，各小队的活动开展得有声有色。每个小队成员都有各自的分工，有负责拍照的，有负责班队会分享的，有负责做视频的。这个参与的过程真正实现了团队合作，是孩子们成长的体验。

3. 活动分享让小队合作乐享成果

周一的班队会上，各个小队集体亮相，然后由负责分享的学生报告策划活动过程中遇到的困难以及解决的办法，在活动过程中他们是如何合作完成任务的，以及活动结束后他们的收获。尤其是星星小队展示的感恩卡，我看了尤为感动。每个小队的照片、视频在教室里的屏幕上循环播放，当出现自己的画面时，孩子们的喜悦之情溢于言表。这不仅仅是分享成果的喜悦，更是看到自己在活动过程中收获和成长的喜悦。

四、反思重构

总的来说，这次活动非常成功，在活动策划和实施过程中不仅培养了孩子们的团队精神，在分享的环节也培养了孩子们的语言表达能力，家长们在一起有了沟通和交流，班级的凝聚力也更强了。但是，还有一些可以改进的方面，如设置一些评比的环节，在活动之前就制定规则，这样活动的效果就会更好。

五、活动评析

通过此次活动，孩子们的收获很多，有的孩子收获了快乐，有的孩子收获了团结。家长也表示这样的活动特别有意义，孩子们在活动中学会了互相帮助。孩子们通过参与体验了合作、团结和互助，收获了成长的快乐。

4. 第四阶段：凝聚上升阶段

学生在小队生活中有了较丰富的活动体验，综合能力在实践中不断提升，不仅培养了他们重建日常班级生活的意识，还使他们有了自主策划活动的意愿，对增强小队的凝聚力起了重要的作用。

在某个小队开展活动的过程中，同学们发现学校里的炮仗花被人为破坏，为了让更多的同学习得护花知识，该小队在老师的同意下开展“我和校花做朋友”活动。小队通过调查了解了学校种植的各类花种，所有小队任意领取其中一类花种进行了解探究，目的是在两周后的班队会上进行花种护养方法汇报，进而在全校进行宣传。在这一过程中，学生的能力体现在以下几个方面：

（1）策划主题与确定目标的能力。由一个“违纪”小事件演变为一个积极“护花”大事件，体现了学生对日常生活中事物发展的关注；活动以小队形式开展，在促进小队合作的基础上增强班级凝聚力，同时利用小队、班级资源促成全校“护花”意识的产生。

（2）直面问题与分析问题的能力。学生已有的生活经验、能力水平、思维应变能力决定了活动的实践具有不确定性，对问题的解决方式直接体现了学生的综合素养。比如，学生在一次现场采访的过程中失败了，这时学生必须具有直面问题的勇气，把握“准备不充分”“大量文字阅读有困难”等问题归因，合理利用老师、家长资源解决问题，在此过程中还要不断调整心态以正面影响小队活动状态，同时积极听取别人的建议以适时调整自己的活动方式。

（3）总结汇报与反思提升的能力。小队以PPT、海报、照片集等方式进行汇报，大量的互动促进反思，反思又会促进新行为产生。如学生决定，以制作书签的方式，以小队活动为单位，以课间为活动时间，进入各班进行知识宣传，以加深其他学生的印象。

5. 第五阶段：成熟实践阶段

教育活动都有特定的育人价值，在长程系列活动中深入挖掘节点活动的育人资源，能最大限度促进学生发展。二年级学生天性活泼，重视他人的评价，群体生活使他们更加愿意培养自己的集体荣誉意识。在具有丰富的小队组织经验的基础上，团队的力量成为他们成长中的巨大促进力量。这时就可以利用相关小队活动，在活动实践与关系构建过程中促成小队和学生的社会性发展。

三、班级生活重建促民主自觉

把民主放在一个班级来讲，“民”就是全班学生，“主”就是主人翁地位、权利与责任。

学生在每个发展阶段都有共同的发展特征和发展需求，因此可以通过重建低、中、高三个阶段的班级生活来促进学生的民主自觉。

1. 小学低年段学生民主班级生活重建

（1）低年段班级生活重建的必要性

低年段是指一、二年级，特别是一年级，低年段学生习惯了以“哄”“游戏”为主的幼儿园生活，他们享受着无微不至的照顾与关注，把自己当成世界的中心。

这种状态在进入小学后被打破。孩子们急需建立一种新的人际交往模式，从而适应以学习为主的小学生活。

（2）低年段班级生活重建案例（见表5-7）

表5-7　“岗位组，我来评”活动

活动目标 1. 通过展示岗位组工作的亮点，让学生明确岗位职责，提高学生的自觉服务意识 2. 通过观众与岗位组的互动，增强学生参与岗位工作的积极性 3. 以采访观众和投票的方式，培养学生的评价能力
设计依据 1. 背景分析 为了方便管理，更是为了进一步促进学生之间的团结协作，一年级第二学期，我根据班级的岗位性质把岗位分成四类，分设四个岗位组，分别是学习组、纪律组、卫生组、礼仪组。岗位组的设立，有利于促进学生之间互帮互助、友好协作关系的形成，组内小集体的责任意识也得到强化。我给四个岗位组的负责人都发了一张班级学生名单，让他们每日检查，并作好相应记录。针对岗位的评价也是多元的，有跨岗位组的日常检查；岗位组工作的每周反馈；基于日常检查的每月评优。这样多重多元的评价方式，给学生的班级生活营造了更具激励和挑战的班级生活氛围，使学生更加积极向上，也使学生的班级生活充满了活力。 2. 学生分析 通常情况下，岗位的设置容易，管理评价却较难。经过一个学期的岗位工作，发现个别岗位成员产生了倦怠情绪，工作不够积极，这可能和我们对岗位的管理和评价不够系统有很

续表

大关系。于是，在前几期班级主题活动中，我和孩子们一起对小岗位进行了系统分组，制定了岗位组评价方式和标准。孩子们都主动参与活动，岗位成员的工作热情也再次被点燃，促进了学生自觉服务意识和习惯的养成，也有利于良好生生关系的形成。

（3）低年段班级生活重建案例点评

“岗位组，我来评”活动是在孩子们充分体验岗位工作、深入理解岗位职责之后进行的。低年段孩子都有一双善于发现的眼睛，通过自己的观察、老师日常的评价，他们对每个岗位及每个岗位的工作情况有自己的想法和评价。“岗位组，我来评”活动把评价权交给学生，同时，也通过岗位组评选方式，激发岗位工作热情，培养组长的领导力，为产生更多有领导力的班干部打下基础。

本次活动亮点是：从选择岗位，承担岗位工作，评价岗位，到成立岗位组，评价岗位组，孩子们在老师引导下，依据一定的评价标准，对自己所在岗位组的工作生活进行总结，并对其他岗位组工作进行评价。

2. 小学中年段学生民主班级生活重建

（1）中年段班级生活重建必要性

一、二年级的小岗位建设、小队合作等系列活动，让孩子们的自主性得到发挥，孩子们对自己的岗位工作认真负责，会依据一定的标准评选优秀岗位、优秀小队，从公平意识向少数服从多数的民主意识发展。中年段孩子已熟悉校园生活，对自己的认知与能力有了更深的了解，逐渐适应老师的教育教学方式与要求以及学校的各项规章制度。由此，中年段班级生活重建的重心就放在自主管理、建立民主制度方面，以此培养孩子们的责任心，增强班级凝聚力。

（2）中年段班级生活重建案例（见表5-8）

表5-8　“小鬼当家——樱桃电视台综艺频道节目招标会”教学设计

活动目标
1. 通过节目招标会，使综艺频道节目顺利播出 2. 通过招标会，强化个体在集体中的责任感，提升集体意识 3. 学生在互动交流中，学会倾听，学习全面考虑事情，提高活动策划、实施能力

续表

活动背景 班级已经围绕“我的班级我做主”开展“我的班委我做主”“我的班歌我做主”“我的生日我做主”“我的寒假作业我做主”一系列活动。活动的开展，让我们看到了孩子们的变化：相对于二年级来说，孩子们的依赖性不断降低，自主性不断增强；关注的重心也从自我逐渐转向同伴和班级。对于班级活动，孩子们从开始的被动走向主动与创造。与此同时，孩子们对班级生活有更多的期待，这也对我们提出了更高的要求。 孩子们兴趣广泛，求知欲强，爱好多变，富于幻想，只有内容丰富、形式多样的活动才对他们有吸引力，才能使他们积极主动地参与；同时，我们也要处理好“教”与“乐”的关系，不能割裂，也不能彼此替代，应将两者有机结合起来，让学生在活动中受到深刻、生动的思想教育，提高觉悟、陶冶情操，让学生在轻松愉快的气氛中增长知识、锻炼能力。
制定依据 1. 背景分析 孩子们到了三年级，交往的频度和深度都有所提升，在班集体中形成了一个个小团体。在“我的班级我做主”系列活动中，我们发现班干部的责任感和组织策划能力得到了锻炼和提升，其他同学看到他们的变化后，开始主动打破自己的小圈子，向自己喜欢的班干部靠近，并在班干部的激励下参加班级活动。 孩子们对班级生活的内容、形式有了更多个性化的要求与期待，这是对班级生活的肯定与向往。 本学期开学，班级进行了一次“寒假生活分享会”，在分享过程中，孩子们除了介绍新年活动，也介绍了自己的寒假生活作息。“看电视”是大家每天的主要活动之一。孩子们钟情于电视节目的原因很多，其中，节目有趣，看的过程不会产生压力，同时还能从节目中学到一些知识，这是主要原因。我们也意识到，电视对孩子视力不好，不具有交互性，孩子们在看的过程中很少主动思考；再者，节目内容具有不可控性，对于分辨能力尚弱的孩子，会使其思维品质、语言表达发生变化。 2. 学生情况 开学了，孩子们虽然身体回到了学校，但心还留在假期中，他们怀念假期的轻松，想着没有看完的电视剧。如果要弱化一个行为，那就必须有一个更强的刺激出现。既然孩子们都喜欢看电视，那就顺水推舟成立自己的电视台吧！当我宣布要成立班级电视台的那一刻，整个班级沸腾起来，给电视台取什么名字？在什么时候播？在哪里播？播什么样的节目？谁当台长？谁来主持？孩子们七嘴八舌地讨论着这一系列的问题。最后，根据少数服从多数原则，孩子们达成以下共识：（1）班级电视台要以自己班级的名称命名——“樱桃电视台”；（2）曾子芸担任台长；（3）节目播出时间定在每周一到周五的下午1：50到2：00；（4）节目必须有趣，易于操作。有了之前的活动经验，孩子们想到了以团体的形式来开展活动。很快，他们推举了几位号召力比较强的班委成员，成立了三个团队。在团队“招兵买马”的过程中我又发现，孩子们不但有双边互选，团长还会根据自己的组织需要，针对不同职位设定要求。团员招募完毕，是不是所有团队都具备自编、自导、自演的能力？他们的活动是否能激发观众参与的热情？这些都会影响节目的“寿命”。为此，决定举办本次节目招标会。

续表

活动环节	教师活动	学生活动	设计意图
导入	1. 引出主持人 2. 担任顾问	1. 主持 2. 与主持人互动	调动气氛，引起学生的期待
核心过程推进	1. 点评 2. 颁奖	1. 宣讲 2. 答疑 3. 投票、唱票、领奖	1. 让学生明确本次活动的目的和主题 2. 通过前期的准备和分工，锻炼学生，特别是几位核心班干部的组织和策划能力
总结延伸	总结	1. 谈感受 2. 进行后续活动	1. 调动孩子们参与班级事务的积极性，同时挖掘更多有能力的学生 2. 为以后更多频道的开播作示范，丰富班级生活 3. 鼓励孩子们学会合作、欣赏、分享与交流

（3）中年段班级生活重建案例点评

三年级学生处于儿童期向少年期的过渡阶段。他们不再简单服从师长，而是有了自主意识，自我管理能力不断发展，他们渴望在团队活动中展示自我，博得同伴、师长的认同。因此，三年级班级组织建设处于从以班主任为中心过渡到以班干部为核心的转型期。

在“小鬼当家——樱桃电视台综艺频道招标会”活动中，孩子们对老师的依赖减少，他们制定了自己的多维评价标准，自觉依照标准进行评价并提出建议，同时作出自己的选择，投出自己的选票。这与一、二年级老师制定标准，孩子们来投票相比，民主权利的行使有了质的飞跃。

3. 小学高年段学生民主班级生活重建

（1）高年段班级生活重建必要性

与低、中年段孩子相比，高年段的孩子积累了更多学科知识和经验，我们需要做的就是为他们提供更大的舞台，让他们充分发挥才能。

每年9月，五年级学生有“大手拉小手”的传统活动，他们通常会设计一些安全、有趣的小活动，以此来帮助刚入学的一年级学弟学妹们适应小学校园生活。经过一个学期的班级结对子活动，不仅使得一年级小朋友顺利从幼儿园阶段过渡到小学阶段，也使五年级孩子更加自信且有担当。

春季开学时，一年级学生将迎来“谷雨时节我入队”的入队仪式，五年级学生则有“更换大领巾、承担大责任”活动。活动期间，他们会为一年级学弟学妹们设计闯关活动，活动难度较前次有所增加。活动过程中，他们之间有冲突，有矛盾，但更多的是理解、包容和接纳。在面对困难时，他们也不依赖、回避或退缩，他们相信自己的能力，在不断的尝试与失败中总结经验，直至解决问题。

（2）高年段班级生活重建案例（见表5-9）

表5-9　“财商学院体育节之融资大会”主题班队会设计方案

活动目标 1. 提高学生策划活动的能力 2. 让学生对投资、融资有初步的认识 3. 说服现场的商家和家长进行投资以筹集“财商学院专项奖”的活动经费
制定依据 1. 活动背景 在过去两年的时间里，班级已开展“我的零花钱我做主”和“班级银行”系列活动，在这些活动中，孩子们懂得了如何存钱、如何赚钱、如何花钱，孩子们的“财商”在活动过程中有了一定的提升。在学校的“缤纷社团秀”活动中，我们班的“财商学院”被评为“最受欢迎社团”，孩子们受到极大鼓舞。 之后，“财商学院”进行了升级，分设“活动部”“宣传部”“会计部”“外联部”和“学习部”五个常规部门，成立了由核心成员组成的财商学院理事会。2016 年 10 月，通过理事会成员主导、其他成员协助，“财商学院”成功发动全校师生对患病小伙伴进行爱心募捐。在这次活动中，孩子们的积极性被充分调动起来。 在两年多的“新基础教育”改革中，我们班的孩子用自己的行动为社区、学校里的同学以及校工付出了爱心。作为六年级的学生，毕业季也是孩子们经常提到的问题。这段时间，作为班主任，我也和孩子们一直在思考，我们这个班、我们的“财商学院”能为学校做些什么，毕业后能给学校留下什么。经过思考和讨论，我们决定在“财商学院”中成立“毕业基金会”，通过“毕业基金会”为母校做更多有意义的事情。 2. 实际分析 在 2015 年的体育节上，孩子们用自己赚来的钱设立“能量补给站”，为全校运动员提供免费的葡萄糖水。今年的体育节来临，有孩子问，我们还要不要继续运行“能量补给站”，

续表

有人说："今年我们要做和以前不一样的事。"在理事会成员进行初步的思考后，提出以"财商学院"的名义在这次体育节中设置奖项，并出资购买奖品。通过这样的方式，一方面扩大"财商学院"的影响力，让学校里更多的人知道"财商学院"；另一方面也为我们后续将"财商学院"的精神和理念传承下来打好基础。由于时间不多，手头上没有经费，如何筹集这些奖项的经费是一个问题。孩子们提出通过义卖的方式来筹集经费，这是孩子们在多次活动中积累的经验。 在这个基础上，我们提出了"融资"，想办法让商家们的这笔钱产生一定的利润。孩子们在对体育节奖项的设置、奖品的费用做了预算后，我和孩子们一起制定了融资方案，希望能筹集到这笔费用。 希望通过本次活动提高学生策划活动的能力，让他们对投资、融资有初步的认识，同时也提高他们的临场反应和应变能力。			
活动环节	教师活动	学生活动	设计意图
导入	照片回顾，介绍活动的基本情况，引出活动主题	观看照片和视频	引出本次活动
核心过程推进	1. 请出融资大会的主持人 2. 适时介入、点拨	1. 各部门介绍活动环节 （1）宣传部：介绍体育节"财商学院专项奖"的设置情况 （2）会计部：介绍奖品经费预算 （3）外联部和学习部：介绍本次融资方式 （4）活动部：介绍后期计划的商业活动 2. 商家提问 3. 各部门针对商家提问作出回应 4. 签订融资合同 5. 拍照合影留念	1. 提高学生策划活动的整体思维能力 2. 让学生对投资、融资有初步认识 3. 说服现场商家和家长进行投资，以筹集体育节的活动经费 4. 提高学生的临场反应能力和应变能力
总结延伸	总结	1. 倾听 2. 为后续活动做准备	1. 增强学生的自信心 2. 为后续活动的开展打下良好的基础

（3）高年段班级生活重建案例点评

低年段学生了解了自觉与尊重的必要性，能根据既定标准评价自己和他人；到了中年段，他们的民主意识进一步发展，开始根据自己的需求，制定属于自己的评价标准，但是，这种民主还只限于班级内部生活。本次高年段六年级“财商学院体育节之融资大会”使他们从班级这个小集体走向社会，开始关心社会的发展，尝试与这个时代交流。

在小学六年的学生班级生活实践中，我们经历了三个阶段：第一个阶段是初探期，老师们一起查阅班级民主管理文献，边学边实践，最终立足于班级生活重建来开展活动；第二个阶段是酝酿期，总结前期摸爬滚打的经验，反思不足，为后期活动积蓄力量；第三个阶段是突破期，通过阅读、写阅读笔记、上节点课等形式，立足各班自身情况，提升活动质量和活动效果。

在班级生活方面，在“新基础教育”学生发展理念的指导下，老师从关注“学生立场”到落实“学生立场”，根据不同年段学生发展需要，明确了清晰的层级发展目标与任务，如一年级的岗位建设，二年级的小队建设，三、四年级的班委建设，五、六年级更多形式的组织建设等。

第二节　学校生活重建创生美玉新质

一、萌芽期：四季拼凑

1. 反思过去

只要说起开展主题活动，大家就会想到几个固定节日：元旦、儿童节、国庆节等，这些节日一定有舞蹈班、合唱团、朗诵队的表演。于是，学校层面、班级层面为了完成任务或者在学校的组织下完成各种节点活动，都会重点排练一个少数人参与的精品节目，美术展览、阳光体育节、科技节等也是如此。在班主任访谈中，有些班主任也提到，要“应付”这些主题活动很累。显然，这些传统的学校主题活动不是师生真正喜欢的。因此，我们不禁反思：学校兴师动众组织大型活动，其教育意义是什么？学生通过参与这些大型活动在哪些方面得到了提升？大规模的热闹活动过后，学生的收获是什么？在“新基础教育”理念引领下，反思这些传统的学校主题活动，有以下三点思考：

一是活动育人价值单一化。学校活动指向性太强，其活动育人价值呈点状，希望活动效果立竿见影，用说教方式替代学生的想法，局限了学生的思维。

二是活动脱离学生立场。学校活动一般都是上传下达，活动主题不一定符合学生真正的需求，当学生真正的需求被忽视，活动就变得毫无意义。

三是主题活动相互割裂。传统的学校主题活动大多是独立大型活动，活动与活动之间毫无关联，育人过程没有长程系列化。

2.“新基础教育”理念的引领

《“新基础教育”研究手册》中提到：学生工作要从窄化的德育教育、片面的管理中走出来，创造体验成长的良好氛围，形成丰富的学生活动系列，构建全方位、多层次的学生发展评价体系，聚焦学生健康人格、自我意识、成长需求以及未来公民素养，在丰富、改变学生生活的班级建设中使学生成为主动健康发展的个体，从学生社会性格和个性方面，实现“三维双向”的新人培养，形成新的工作格局。基于上述理念，我校四季组合性的活动开始萌芽。

3. 育人价值的重建

2014年，我们开始进行“新基础教育”改革，不断学习、探索、梳理、反思如何才能真正提升学生的综合素养，在“新基础教育”理念引领下，我们的思维方式、教育教学行为方式有了一定的更新。

一是关注主题活动的育人价值。关注学生的立场，关注点由单一化向多元化转变，开始关注每一位学生是否都参与了活动，以校园主题活动为载体，让全体师生在活动中体现自主参与和全员参与，在活动过程中获得不同程度的成长。

二是关注活动的重心是否下移。在各项大型活动中，学校把重心从各部门和艺术信息组下放到班级，以班级为主引领全班同学参与。

三是关注活动的前移后续。以学校活动来推动班级具体活动的开展，即活动前、活动中、活动后，学生可以做些与节点活动有关联的事情，希望每一次节点活动后学生的综合素养都得到提高。

4. 拼凑四季

在“新基础教育”理念引领下，玉律小学开始了以“四季”为专题的实践研究，并取得了一定的成果。“四季”实践研究以“生命实践教育学”理论为灵魂，以“新基础教育”改革的推进方式为指导，展现形式各异，呈现了各教师与众不同的个性与班级文化建设的独特性，使“四季”系列活动百花齐放。总体来看，“新基础教育”改革有关“四季”系列活动的探究具有以下特征：

一是活动具有长程性。“四季”系列活动作为专题研究，在时间上具有连续性，可以使得“四季”和每一个季节的研究内容内在关联。

二是活动具有跨领域性。“四季”系列活动主要在学生工作领域开展，也在各个学科教育教学中有着融通性，主题活动可以与各学科和“四季”关联，以培养学生的综合素养。玉律小学的老师们用学校学生的各项主题活动装扮“四季”，如表5-10所示。

表5-10　“四季”系列活动

“四季”系列活动	重建案例
春季	植树节、雷锋月……
夏季	合唱节、儿童节……
秋季	科技节、国庆节……
冬季	体育节、冬至……

“新基础教育”理念强调学生的班级日常生活，因此班级活动最能促进全体学生的全面发展，而校级活动与班级活动不是割裂的，而是有机融合的。

以春季开展的“我的家乡我的年”活动为例，这是一个融通班级，具有年级特色的校级活动。一年级学生分享自己设计的中国结，此活动是对学生进行艺术教育的良好契机，在活动中，引导学生发现美、创造美、欣赏美、体验美，让学生充分发挥自己的想象力和独特创意，设计出极具个性色彩的“中国结”作品。二年级学生分享舌尖上的家乡年，激发他们对家乡美食的喜爱，对家乡和传统节日的认同感和自豪感，做个积极向上、热爱生活的好孩子。三年级学生分享“年味十足”的寒假，一是“习俗大探秘”：探寻春节习俗；二是“年夜饭我策划”：体现家庭成员的互敬互爱，同时也表达对父母的感激之情；三是“压岁钱我做主”：把自己的压岁钱花在有用的地方，树立正确的金钱观和价值观；四是

"南腔北调拜大年"：与家人一起用家乡话向亲戚朋友或老师同学拜年；五是"畅游书海乐悠悠"：阅读自己喜欢的书，在书海中获取更多的快乐。四年级学生分享自己开展的一次家庭新年晚会。五年级学生分享"带你走进我的年"活动，让大家感受家乡的特色及有趣的文化。六年级学生则分享"我为家里购置年货""我为家人准备年夜饭"。"四季"系列活动让学生先在班级进行分享，再在年级进行分享，然后进行全校分享。

再以冬季开展的体育节为例，一年级开展亲子趣味运动，二年级开展绳彩飞扬活动，三年级开展足球联赛，四年级开展趣味运动会，五年级开展趣味篮球赛，六年级则举行"快乐广播站"活动。这些活动融合在一起，就形成了多元的学生主题活动框架。这样的分年级活动受到学生、老师和家长们的喜爱。

5. 解读季节独特性

叶澜老师曾说："尽管我们没有过每个节气，但他们的'节'语，充满着中华民族的诗情和智慧，是祖先留给我们最重要的馈赠。"在活动中反思，我们梳理了"四季"系列活动：一是富有生长气息的"美玉春天节"，它是播种希望、渴望成长、焕发新生的季节，学生在春季的活动中体会到活动带给自己的收获。二是丰富多彩的"缤纷夏天节"，夏天是充满活力、好玩有趣，是经过春季的滋养后继续生长的季节。三是具有收获意义的"向上秋天节"，这是正逢学生开学，寓意积极向上的季节。四是触碰心灵温暖的"温暖冬天节"，在寒冷的冬天里，玉律小学的师生用爱心、用行动去温暖身边的人和事。

"四季"系列活动基本都来自老师和孩子们的细心发现，来自日常教育教学活动的需要，在一次又一次的活动、一次又一次的反思中，老师和孩子们开始关注主题活动本身，活动为孩子们提供了与外界平等对话的平台。

二、探索期：走进节气

经济、人文、政治全球化的步伐日益加快，文化软实力也逐渐成为国家间竞争的隐性竞争力。中国在历史长河中给后人留下了很多珍贵的文化财富，在众多国粹瑰宝中，二十四节气是体现人们睿智与勇敢的一种重要文化。二十四节气是中国人通过观察太阳周年运动，认知一年的时令、气候、物候等方面变化规律所形成的知识体系和社会实践，其背后的文化内涵深入人心，它是农业耕作的历法，更是人们的生活方式。对于二十四节气的学习有利于中国文化的传承与发扬，它是了解学习传统文化的切入点之一，是中国人特有的体系。

二十四节气充分体现了中国人尊重自然，以及追求人与自然和谐的理念，同时也反映了农业生产和相关仪式以及季节的变化规律，是人们的身心体悟自然，追求与自然和谐的生产生活的呈现。

1. 二十四节气的社会价值

二十四节气仍然在广泛影响着现代人的生活。一方面， 一些以农耕活动为主要生存手段的地区，很大程度上依赖时令节气，《二十四节气气候农事歌》就是用来专门指导农事活动的民间歌曲。“立春春打六九头，春播备耕早动手”“立夏麦苗节节高，平田整地栽稻苗”，正是这些流传于民间的俗语歌谣，推进了农耕文明的繁荣。另一方面，民间仍然传承和保留着与二十四节气相关的风俗习惯，如冬至时吃饺子不冻耳朵的习俗至今还在北方地区颇为流行，还有立春时一些地区仍保留“打春牛、送春牛图”的习俗。这些风俗习惯伴随着二十四节气的诞生，经过千年的沉淀已成为中国人社会生活中不可缺少的文化元素，正是这些传统文化凝聚着中国人的心，塑造了中华民族的气血。

此外，二十四节气还影响着人们的生活观念。二十四节气是中国人认识大自然变化、顺应大自然变化、利用大自然变化而制定的时间体系和文化坐标，它的深刻内涵和内在规律时刻提醒着人们，对大自然要存有敬畏之心，与大自然和谐相处。

2. 二十四节气的教育价值

人文资源的开发在生活中十分常见，如民俗、节庆、历史资源等，但也特别容易被忽视。许多教师认为生活中常见的人文资源中无法挖掘出具有新意的育人资源，因而在有意无意中淡化了对此类型资源的开发与整合。

“新基础教育”理论认为，学生所在国家、城市、地区有其丰富的历史文化资源，其中所蕴含的人文资源，可以成为学生所关注、研究和开发的内容。我们认为人文资源的独特育人价值在于能够丰富学生的精神内涵。

（1）内容习得价值。学生通过自主学习了解文化历史，理解文化的博大精深，拓宽精神视野，提升自身文化素养，并在学习过程中有新的收获、新的发展。

（2）文化传承价值。即在文化习得的基础上自觉接受文化熏染，按一定的文化规则学习和生活，并结合实践对所习得的文化知识进行传播，让文化能够流传下去。将二十四节气的学习引入校园，培养孩子们从小认识自然、尊敬自然的美好品德，这也有助于对传统文化的传承和创新。

（3）时代创新价值。在不同的时期，尽管文化的内核不变，但文化的表现方式、呈现形式却有所不同。学生在活动过程中探索二十四节气相关的文化知识，可以为传统文化赋予新的精神内涵。

二十四节气作为中华民族传统文化的精髓，代表中国古代劳动人民的智慧。如今，它对现代人的生活仍产生着不可磨灭的影响，不仅以独特的方式记录了大自然的变化规律，更丰富了我们的民族风俗习惯和社会生活方式。此外，二十四节气在新时期所衍生出的育人价值，更彰显了传统文化与时俱进的现代意义。

3. 将节气文化引入学校教育

二十四节气申遗成功，世界开始关注二十四节气，激发了我们对二十四节气的传承热情，全社会都在传播节气文化，以促进文化的传承。玉律小学以二十四节气为主题阐述中华传统文化的内涵，深入挖掘其中的育人价值，让节气文化获得新的意义和生命。通过语文课、班队会等进行学科融通，将节气文化引入课堂，并选择与之相适应的方法教授，以活动为抓手丰富学生的班级生活，充分激发了学生学习中国文化的热情。

玉律小学学生发展中心开发的“校园四季”系列活动，结合二十四节气传统文化，构建丰富的四季系列活动。各个班级以节气文化为活动主题，从活动背景、学生实际、班级发展目标、活动推进过程中挖掘育人价值。二十四节气的独特育人价值在于能够丰富学生的精神内涵，鼓励全体学生进行实践与探究，在活动中热爱大自然。

探究节气——立夏

一、活动准备阶段

学生通过查找资料、绘制手抄报、采访家人等，先对“立夏”这个节气有大致了解，为小队确定活动主题奠定基础。

1. 查找资料，绘制手抄报

根据夏季系列活动计划，进入夏季的第一个节点活动是“小小笋芽，乐享立夏”主题活动。2018年4月26日，“探索立夏”活动拉开帷幕。学生通过网络、书籍和采访他人了解立夏知识。资料搜集完毕后，便着手筛选资料，并结合资料绘制立夏手抄报。班委将小报展示在走廊展板上，使学生在交互学习中更全面地了解立夏。

2. 小队协商，确定主题

对立夏有所了解后，各小队在小队QQ群里协商确定活动主题和活动目的。为避免各小队活动主题重复，已经确定活动主题的小队便将主题公布在班级QQ群里。班主任则扮演指导者的角色，对小队提出针对性的建议。例如，天马小队的宾宇翔家有个果园，很适合开展有关农事的实践体验活动。在班主任的建议和家长的支持下，天马小队的主题活动确定为“进田间，知农事”。各小队活动主题及活动目的如表5-11所示。

表5-11　各小队活动主题及活动目的

小队	小队长	活动主题	活动目的
天马小队	钟文婷	进田间，知农事	了解农作物的生长与立夏的关系，并体验简单的农事活动
大雁小队	冯文君	做立夏五色饭	了解并传承立夏的饮食文化，并学会在合作中解决困难
蚂蚁小队	张芸逸	品尝树三鲜	
熊猫小队	戴彧茜	品尝地三鲜	
白鲸小队	吴应玲	编辑《立夏知识大全》	了解“立夏习俗”“立夏养生”“立夏农事”“立夏诗词”知识
雄鹰小队	邹馨棋	吃蛋、绘蛋、斗蛋	了解立夏的习俗文化，在节气里玩出快乐，玩出智慧

二、活动策划阶段

学生在此阶段综合应用所学知识，探索未知领域，制订小队活动计划，提升自主规划能力。

（1）队员根据小队活动主题及活动目的，进一步了解相关知识。由于学生查找资料的能力有限，班主任有必要为学生提供资料，或把搜集到的资料共享在班级QQ群里，便于学生查阅。

（2）各小队在小队长的组织下策划活动方案。学生把初步方案上传至小队QQ群，初步方案尚不成熟，能否实施还得考虑父母有无空闲时间，班主任和家长们协商后再进一步制定方案。

以天马小队活动方案为例，具体可见表5-12。

表5-12　天马小队活动方案

小队名称	天马小队	活动主题	进田间，知农事
小队成员	张安博、宾宇翔、陈乐、陈星材、钟文婷、刘欣宇、姚吉森、刘研博		
活动地点	宾宇翔家果园	活动时间	5月6日
小队长	钟文婷	辅导员	宾宇翔家长、钟文婷家长
具体安排	1. 钟文婷妈妈指导学生拍照，并把照片上传至班级相册 2. 5月5日，查找资料，了解立夏时的农事知识并作好记录 3. 5月6日活动流程： （1）13:50：集合 （2）14:00—15:00：参观菜园、果园，观察农作物，听辅导员介绍农事知识 （3）15:00—15:40：体验农事活动，如除草、施肥、修剪农作物等 （4）15:40—16:30：集中交流、分享收获，完成活动记录表 （5）评选两名优秀队员 4. 5月7日，以图文的方式记录活动		

三、活动实施阶段

各小队利用周末时间执行活动方案。天马小队走进田间了解农事，观察农作物的生长态势。大雁小队、熊猫小队和蚂蚁小队各自采购食材，下厨制作美食、品尝美食。白鲸小队则按立夏习俗篇、立夏养生篇、立夏农事篇、立夏诗词篇分组制作，再把各自的作品合编成《立夏知识大全》。雄鹰小队体验了煮蛋、绘蛋和斗蛋的游戏。在实践体验中，学生亲近自然，用心探索，理解并感受节气生活，传承了节气文化；此外，也感受到了与社会的联系，与他人的交往。具体过程如下：

1. 各小队根据小队方案进行小队活动

2. 家长做好安全保障和技术指导工作

3. 各小队队员集中交流、分享收获，作好活动记录，并评选出两名优秀队员。

4. 小队长组织队员写总结汇报稿，并选定汇报人员

表5-13 小队活动记录表

序号	观察发现	探究思考	收获机会	记录人
1	南瓜地里长满了草，用手拔草很费劲	用镰刀割或用锄头锄	立夏时的杂草生长很快，俗话说“一天不锄草，三天锄不了”，使用正确的农具能提高劳动效率	陈星材
2	立夏吃蛋、斗蛋有什么意义？	查找资料、听辅导员讲解	吃蛋、斗蛋是民间立夏时的节气习俗。煮熟的蛋套上丝网袋，挂在颈上，孩子们便三五成群，进行斗蛋游戏；“立夏胸挂蛋，孩子不疰夏”“蛋形如心，吃了蛋就能使心气精神不受亏损”，其中寄托了人们的美好心愿	邹馨棋
3	为什么要摘掉南瓜的幼瓜或雌花？为什么南瓜要打顶？	请教果场主人宾爷爷	宾爷爷告诉我们，种植农作物也要懂得科学知识。摘掉南瓜的幼瓜或雌花，还有给南瓜打顶都是为了避免养分供应不足，这样有利于促进果实发育	陈乐

四、总结分享阶段

在准备、策划和实施三个阶段，队员基本上都是在自己的小队里开展活动，探索的范围具有一定的局限性；再者，学生开展活动的形式、遇到的困难、解决问题的思维方式各不相同，重建班级生活，正好弥补了这种不足。把小队活动上升至中队活动，分享彼此的收获体会，能拓宽学生的知识面，从而提高学生探索知识的能力。

活动具体推进过程如下（节选部分内容）：

1. 热身

（1）收看“小喇叭频道”，感受“小笋芽”在春天里的成长历程。

（主持人边解说边播放活动照片）

瑞瑶：春天里，柳树吐绿，黄鹂鸣唱，三（4）班的“小笋芽”走过春天，拥抱春天，与万物一起共同成长。开学了，我们从四面八方赶来，一起分享家乡的春节习俗。

…………

安博：我们走进春天，倾听春的声音。一枚枚“物语书签”记录着我们对春天的发现。清明时节，我们探寻清明文化，度过了一个难忘的清明节。

（2）回顾“乐享立夏”的活动瞬间

瑞瑶：在美丽的春天里，我们收获了知识，收获了成长！现在，我们告别春天，迎来夏天。走进“立夏”，我们又做了什么呢？大家一起来回顾吧！（播放活动照片)

设计理念：一个季节的结束意味着另一个季节的开始，结合季节的变化激发学生对新生活的期盼。本活动与班级的中队建设相结合，通过展示活动照片回顾“小笋芽”在春天里的成长历程，唤醒学生对前期活动的回忆。

2. 谈话导入，揭示主题

（1）主持人揭示主题：小小笋芽，乐享立夏

（2）主持人宣布优秀小队评价标准及活动流程

设计理念：活动的开展与小队的建设紧密结合，通过评优促进小队的成长。

3. 核心推进，点拨指引

（1）白鲸小队汇报

（齐呼口号）白鲸小队，心怀梦想。加油！加油！我们是最棒的！

瑞瑶：大家好！我们小队的活动主题是“立夏知识我编辑”。立夏是夏季的第一个节气，表示盛夏时节的正式开始。

应玲：通过查找资料，我们发现立夏这个节气蕴含着非常丰富的知识。我们按照立夏习俗篇、立夏养生篇、立夏农事篇、立夏诗词篇分组制作，最后将四个组的PPT合在一起编成《立夏知识大全》，并把PPT放在班级QQ群里供大家阅读。我们小队在开展活动时遇到很多困难，现在请我们小队的队员说一说。

子仪：有些队员迟到了，找不到我家，我就安排家人去接他们，保证他们能顺利到达活动的地点。

亚斌：一开始我们不会做PPT，当时我们想放弃不做了，后来在之谦妈妈的指导下把PPT做好了。

之谦：我们一开始只找到一点点关于立夏的资料，后来张老师为我们提供了几个网站，我们在这些网站上找到了非常多的资料，我们非常感谢张老师。

隽煜：我在编辑“立夏养生篇”时了解到立夏有“尝新”的活动，在苏州则有“立夏见三新”的谚语，“三新”是指樱桃、青梅、麦子。

应玲：谢谢同学们的补充。编完《立夏知识大全》，我们还朗诵了快板诗《二十四节气歌》呢！现在我们给大家展示一下。

瑞瑶：我们小队最大的亮点是敢于探索、勇于面对挑战，再大的困难也不怕。

（齐）我们的汇报完毕，谢谢大家。

（2）天马小队点评

安博：看完你们传到班级QQ群里的《立夏知识大全》，我了解了更多关于立夏的知识，比如，古代人们非常重视立夏的礼俗，在立夏这一天，古代帝王要率文武百官到京城南郊去迎夏，举行迎夏仪式。

老师：大家在汇报分享和提问交流中，了解到了更多关于立夏的知识。

欣宇：虽然你们遇到了很多困难，但都没有放弃，齐心协力把事情做好，我要向你们学习！

老师：欣宇能欣赏他人的长处，真是好样的！欣赏他人、团结合作是非常可贵的品质。

星材：立夏诗词篇的内容有些少，希望你们可以多找一些。

瑞瑶：我不同意你的观点，我们当时就想多放一些诗词，可后来之谦妈妈说如果放的古诗太多，字就太小，所以我们就只放了两首诗词。

陈乐：我要向白鲸小队提个建议，你们朗诵的时候最好不要在房间里，会有回声，耳膜受不了，你们可以在客厅里练习。

老师：你在向他人提建议的时候学会了思考，同时也找到了解决问题的好办法。深入思考、解决问题是学习中不可缺少的。

4.探究节气文化，提升学生的文化素养

习近平总书记在十九大报告中指出：“文化是一个国家、一个民族的灵魂。文化兴国运兴，文化强民族强。没有高度的文化自信，没有文化的繁荣兴盛，就没有中华民族伟大复兴。”

中华民族传统文化博大精深，传统文化教育体现了我们民族的文化自信。我们应该在传承传统文化的基础上与时俱进，要有创造性和创新性。如何将节气文化引入小学生的视野，融入小学生的生活，从而提高小学生的文化素养，这是目前我们正在探究的课题之一。

我和秋天有个约会——探索秋分

今年的秋天怎么过？有人说，秋高气爽适合旅游；有人说，秋天是收获的季节，要去果园摘各种各样的果子；还有人说，重阳节、中秋节都在秋季，秋天是敬老孝亲的季节。“我与秋天有个约会”活动就在我们的讨论声中策划着！

活动策划是活动顺利开展的关键，也是最能够体现学生组织、策划能力的环节。

策划会上，小组长们不但展示了小组初步的活动方案，还把需要解决的问题以“问题清单”的方式呈现出来。

初遇问题：

（1）养生组做养生汤与美食组活动重复；

（2）美食组人气爆棚，资料组无人问津；

（3）资料组的成员比较内向，活动积极性不高，而运动组成员学习能力、思维品质相对比较好；

（4）同学们都想着从网上搜集资料制作知识手册，活动方式单一；

…………

尝试解决：针对小组人员不足的问题，各个小组根据活动需要，限制每组人数。

问题升级：原本以为只要各组人数相当就可以，却又发现学习能力较强、活动积极性较高的孩子组成了一组，参与意识较弱的孩子组成了一组，这样活动效果将大打折扣。

老师介入：引导孩子们思考，怎样才能让探究活动既好玩、有趣，又能收获知识、锻炼能力？

问题解决：小组长们想到了用问卷方式进行调查，将同学们的意见整理归类，最后将“我与秋天有个约会”活动分成述秋分、诵秋分、戏秋分、品秋分四个小组分别进行探究。述秋分组采用制作秋分资料册、知识抢答赛的方式普及秋分知识；诵秋分组展开南北气候大调查，探究地理位置与气候的相互关系，以及由此产生的南北不同的秋分习俗，编成顺口溜教大家传唱；戏秋分组希望通过游戏的方式开展体育活动；品秋分组则在美食中体验秋分的甜蜜。

为了方便沟通，每个小组都建立了QQ讨论群，成员约定每天晚上7:30—8:00为网上汇报时间，分享自己的探究成果和遇到的问题。

策划会后，各小组按照各自方案开展活动，并坚持每晚在QQ群进行反馈。在浏览孩子们留言的过程中，我们发现很多共性的问题，比如，述秋分组在第一次制作知识手册时，就是把搜集到的资料摘录到同一个本子里，四个人四种字体，连他们自己都不想看。又如美食组，他们查阅到在秋分时有吃“粘雀子嘴”的习俗，但搜集到的“粘雀子嘴”食材五花八门，孩子们拿不定主意，导致活动停滞不前。之所以出现这样的问题，是因为孩子们思维没有打开，还不懂得借助身边的资源来解决问题。策划会后的第三个晚上，我们在QQ群里召开了“探究秋分推进会”，每队的记录员将自己小队遇到的难题、需要协助的信息都发到群里。

老师作为指导者，适时介入：“孩子们，对于有些问题，我们现在还没有能力解决，这时你们有没有想过寻求他人的帮助？”制作手册的同学马上想到找擅长画画的同学帮忙，同时请教美术老师如何设计封面。述秋分组进行组内重新分工，有个队员的妈妈是医生，小组同学经过商量，派出两位“小记者”前去采访，学习秋季防病养生知识。在活动与交往中，孩子们实现了多学科知识的融通，提高了动手、动脑能力。

经过两周的推进，每个孩子对活动都有不同的体验和收获，每个小组也都形成了自己的作品。为了进一步巩固活动效果，放大育人价值，“甜蜜秋分分享会”在班级层面展开。值得一提的是，上台分享的主角不再是常常抛头露面的“学霸”，而是平常比较内敛、害羞的同学。为了让汇报者有较好的表现，各组还自发进行组内培训，培训内容包括站姿、汇报稿的撰写与修改、回答问题的注意事项等。汇报的同学也非常珍惜这次机会，他们利用课余时间进行排练，还把汇报练习的视频发到群里，让队员提意见。功夫不负有心人，在“甜蜜秋分分享会”当天，汇报者仪态大方，汇报条理清晰，经验总结具有非常强的操作性，赢得阵阵掌声。

同学们对美食组的建议如下：

“你们的‘粘雀子嘴’，老人、小孩吃了不易消化，应该取消。”

“糯米有营养，奶奶说它还能做药引子。”

“我们可以用其他材料代替糯米来做‘粘雀子嘴’。”

“我们不是天天吃，偶尔吃一次没有关系。”

“‘粘雀子嘴’是秋分习俗的一部分，它代表了农民伯伯对丰收的渴望。”

述秋分组对戏秋分组的提问与解答如下：

“在古代，有个投壶游戏是秋分时的必玩项目。你们组为何没有组织大家玩？”

“古代的投壶游戏需要铜壶和箭铜壶，为了安全，我们本来想用纸团代替箭。后来，我们发现玩这个游戏会变成纸团乱飞，不利于环境卫生。所以，我们把它取消了。”

至此，孩子们的收获已不限于节气知识，还有探究能力的提升，更加了不起的是，孩子们在尊重传统文化的基础上，组织了适宜节气和自身需要的新活动，并组建了校园第一个“跑团”。

分享会后的第一周，孩子们将探究秋分活动成果制作成秋分资料册和文化墙展板，分成述、诵、品、戏四个模块在全校进行展示。有的组负责讲解，有的组负责展板维护，有的组负责维持参观纪律，大家各司其职，有条不紊。

这个案例中，班主任以“探索秋分”为主题，让学生们以小组活动的方式（述秋分、品秋分、诵秋分、戏秋分）探究与感悟秋分的文化内涵，更重要的是，孩子们在述、诵、品、戏中提升了文化素养。

5. 节气活动延伸了教育价值

二十四节气中每一个节气都有其特定的意义，节气的名称便已说明这段时间的气象条件及万物变化，具有极强的现实价值和意义。它还深刻地影响着人们的思维方式和行为习惯，体现了人们顺应自然规律的积极态度和文化理念。为了顺应教育的时代创新，玉律小学积极主动进行主题活动探究，发掘节气的更多延伸价值。

例如，清明节源自祖先信仰与春祭礼俗，兼具自然与人文两大内涵，既是节气，也是传统节日。清明节是传统的重大春祭节日，扫墓祭祀、缅怀祖先，是中华民族自古以来的优良传统，不仅有利于弘扬孝道亲情、唤醒家族共同记忆，还可促进家族成员乃至民族的凝聚力和认同感。

又如，谷雨是二十四节气的第六个节气，也是春季的最后一个节气。谷雨，顾名思义也就是播谷降雨的意思。谷雨时，雨水会增多，这大大有利于谷类农作物的生长，有利于万物的生长，“成长”便是这一节气所赋予的深层含义。

再如，冬至又称冬节、亚岁、长至节，兼具自然与人文两大内涵，既是二十四节气中一个重要的节气，也是中国民间的传统节日。冬至在每年的12月，却不仅仅是旧年的结束，更是一个新的循环的开始。因此，感恩过去一年所拥有的，与此同时，珍惜未来，正是冬至具有的延伸价值。

二十四节气延伸出丰富的文化内容，如文学、科学、健康、艺术等方面，这些对学生审美情趣、审美感受能力、文化品格和科学态度等方面的培养都具有重要意义。

三、突破期：立足成长

萌芽期和探索期的四季探索活动，为学生的学校生活提供了载体。中期评估以后，玉律小学全体班主任进行学生生活重建的实验，以刘丹妮、徐苗佳为骨干的班主任，主动引领年级开展“学生校园四季”活动的研究。四季生活重建的策划研究理念以“立足成长”为核心，意在开发具有长程性、系列性、人文性、融通性、生长性的纵向年段梯次、横向学年序列发展的“学生校园四季”活动。

1. 学生“校园四季”活动策划研究的聚焦及价值思考

（1）从关注活动效果评价到聚焦学生内在满足

学校自加入“新基础教育”改革以来，以极大的热情投入校园四季活动的实践探索，把四季、二十四节气内容引进学校，形式多样，积极鼓励学生自主策划并参与活动，并以学生的活动感受和家长的活动评价来评估活动的效果。随着对实践的不断探索和对四季内涵的深入解析，我们意识到四季活动的实践本身和目标不在于活动本身热闹与否，而在于学生是否得到关注、学生的内在需求是否得到满足。因此，重心下移至各年级，研究各年级学生的成长特点与需求，立足班级生活实际，以满足学生成长需要作为四季活动的评价标准。

（2）从点状开发到序列长程

中期评估之前，老师们尽管对四季的研究已经积累了相当丰富的经验，却存在两点不足，一是活动之间主题、目标割裂；二是活动之间内容、年级梯次平行无递进，活动与活动之间呈点状，无关联。基于前期的困惑，为使四季活动真正有利于学生的成长，我们进行了以下思考和重建，使校园四季活动富有长程性、生长性。

> 一是以学年发展为序列，将年级、班级系统构建与校园四季活动框架有机融合；二是以校园四季活动策划为主线，将不同年级学生发展需求和目标要求融入活动中，从浅层的物质需求发展为聚焦自然人文。

自然四季之于人，不仅在于对自然的观察，从而“认识四季”，还在于自然四季本身传达的中华民族文化精髓、精神特质以及自然生命发展节律给人带来的积极元素。基于此，在学校原有特色活动的基础上，校园四季的研究以“体验与认识、热爱与尊重、利用与创造”为核心，进行了更多的创新实践。

2.“学生校园四季”活动的框架设计及推进

（1）四季生活主题框架与内涵解析

叶澜教授在全国“新基础教育”共生体第十次会议上的报告中指出：“学校四季活动设计应该分大时段进行，每时段分别以‘立春’‘立夏’‘立夏’‘立冬’为起点，以一季中最后一个节气结束为终点”，“每一个时段的起始时日，都要有送往迎来的综合，或能够以强化学生生命流转、季节转换的标志意识”，“每一季都要有与大自然接触的活动，强化学生的直观感受，使学生欣赏自然、与自然对话，并养成亲近、关注周边自然世界的爱好与习惯”。

为此，由校长牵头，联合学生发展中心和年级组长，进行学生校园四季活动框架的设计，主要分两步走：

一是充分利用前期实践经验与资源。如将“我和校花做朋友”的优秀活动由班级扩展到学校，它不仅是学生直接深入四季生活、探索自然获得的知识，更是学生在探究自然之后获得的成果。这类立足于学生成长、真实满足学生需求的活动成为校园四季活动之一，并在原有基础上进行一定的优化改造。

二是进行顶层设计。进行顶层设计时有以下几个思考：第一是本地区特色，如“深圳无秋”的气候特色。第二是学期节律。基于深圳气候的特殊性，结合学期节律，学校对四季活动的设计分为春天（3月至5月）、夏天（6月至8月）、秋天（9月至11月）、冬天（12月至2月）。第三是学校文化。学校以校名“玉”为文化，意指玉律小学全体师生通过自我雕琢与相互作用形成的一种由“璞玉”逐渐变成“美玉”的特质。

基于此，学校将四季活动的策划设计作为“新基础教育”实践研究重点，赋予“四季”主题新的含义：

一是“美丽春天”系列：春天充满希望，学生通过“探索自然奥秘、深入自然之中、发现自然之美”不断挖掘春天的含义、发现春天的智慧、体验春天的成长。

二是“缤纷夏天”系列：夏天是缤纷多彩、绚烂有趣的，是经过春天的滋润后，更加蓬勃生长的季节。“长”，是在校园里长知识长智慧、在生活中长身体长技能；“秀”，是成长中大方自信的表达与沟通；“嗨”，是在嬉戏中创造缤纷。

三是“向上秋天”系列：秋天代表收获、代表丰实，是新学年的开始，是积极向上的季节，是庆贺成长的季节，也是珍惜成果、渴望发展的季节。

四是“温暖冬天”系列：“寒冬”是“温暖”的，是用在“春”“夏”“秋”中体验成长、收获果实而获得的能量去温暖寒冷的冬天，从而蓄力期待春的生意。

由此，通过学校各部门研究探讨、各年级通力合作、全体教师共同参与，形成了立足学生成长的四季活动框架，见表5-14。

表5-14 “学生校园四季”活动框架

时间	四季主题	内容
3月至5月	美丽春天	新春新愿望 玉小寻春记 我和春天做朋友

续表

6月至8月	缤纷夏天	缤纷夏“长” 夏娃之“秀” 暑日“嗨”夏
9月至11月	向上秋天	少年向上开学季 献礼祖国丰收季 惜秋季
12月至2月	温暖冬天	迎冬大运动 暖冬同行路 储冬生春意

通过对校园四季活动框架的设计、研究与实践，学校对四季系列活动的意义有了更深刻的认识：

一是“人在自然”——春夏秋冬，自然之意。对四季的探寻，从自然探究开始，应强调深入自然、实地探究、切身感受。因此，深入自然之中，让自身置于自然之中，才能感受自然之意。

二是“人与自然”——四季轮回，生命之道。抓住四季与生命成长的关系，使四季特点与学生生活世界相互融通，才能使学生在体验与感受中得到来自周围生活世界的验证，从而打通这层关系，让四季活动影响学生的生命成长。

三是“人对自然”——万物生长，创生发展。万物生长之自觉，对应于人的生命成长之自觉。四季活动的开展，在促使学生领悟尊重自然规律、热爱生命生长之时，还鼓励学生拥有丰富的生命历程。

（2）纵向的四季成长

四季活动的设计顺应自然发展规律，依据学生的身心发展特点与年段成长需求。因此，学校四季研究要形成生命成长的全程意识，从生命全程的意义上看待人的生存与发展，这样自然就会形成相对开阔的视野，从而将“现在”融入“过去”与“未来”的时间长河中。正是有了这种意识，我们对当前学生成长问题的关注和成长教育的规划，才具有了长程的眼光、长效的追求。

李家成教授的上述观点意即“现在”的收获与拥有基于“过去”的努力与付出，而“现在”也作为一个基础，为“未来”的发展提供希望。因此，在校园四季系列活动的框架下，玉律小学依据各年级学生的成长需求，结合学校各年级发展实际，开展了融通四季生长的六个年级成长系列活动，见表5-15。

表5-15　各年级成长系列活动

年级	活动主题	成长节点主题	节点活动时间	年级发展目标
一年级	一、五年级手拉手	谷雨时节我入队	4月	文明礼貌、学会交往
二年级	小队 go go go	小队风采秀	5月	热爱团体、团结合作
三年级	我的班级我做主	我的班级生活展	6月	自我管理、自主管理
四年级	十岁成长礼	十岁生日会	6月	梳理成长、规划发展
五年级	一、五年级手拉手	更换大领巾、承担大责任	4月	榜样示范、承担责任
六年级	蒲公英的梦想毕业季	毕业典礼	7月	感恩成长、展望未来

一年级“一、五年级手拉手——谷雨时节我入队”：在长达一年的五年级学哥学姐的帮助下，一年级学生养成了良好的生活习惯、锻炼了岗位工作能力、学习了少先队知识，在“谷雨”时节，戴上红领巾，成为合格的少先队员。

二年级“小队go go go——小队风采秀”：通过建立小队，开展小队活动，使二年级学生从一年级的个体“岗位生活”逐渐过渡到二年级的群体“小队生活”，并在群体氛围中感受群体的力量、体验群体的共同成长。在经历小队初建阶段、发展阶段之后，在“缤纷夏天”活动中，展示小队的风采。

三年级“我的班级我做主——我的班级生活展”：三年级学生自主管理能力逐渐增强，小队团结意识上升为班级凝聚力，班级是成长的主要阵地。以“我的班级我做主”成长系列活动为学生提供自主管理、自主活动的机会与平台；在“夏娃之秀”活动中，以“班级生活展”展示班级生活、秀出班级风采。

四年级“十岁成长礼——十岁生日会”：四年级的孩子有了更多的情感与爱想要表达，借助“夏日六一”，表达对父母的爱、表达对师长的尊敬和爱、表达对同学的友情。

五年级“一、五年级手拉手——更换大领巾、承担大责任”：在帮助一年级学弟学妹的过程中，五年级学生也收获来自学弟学妹的感恩与友情。在“谷雨”时节，他们为学弟学妹戴上红领巾，象征着传承；自己更换大领巾，代表着成长与责任。他们将以此为契机，定下新目标，为学弟学妹做好榜样。

六年级“蒲公英的梦想毕业季——毕业典礼”：毕业季是有限的，成长的回忆是无限的。玉律小学的学子们用行动表达对母校的感恩：他们通过个性毕业照，回顾六年的校园生活；他们为“优秀毕业生”的评选出谋划策；他们努力追求，勇敢追梦。

根据年级发展目标，将年级成长系列活动有机融入校园四季活动中，具有以下意义：

① 基于学生实际，年级活动目标的设计层层递进

四季活动的设计，不仅要关注活动的育人价值，做到横向层层深入，在纵向的年级发展中，也要注重学生的成长需求、已有经验与不同的能力水平等。因此，同一个活动在不同的年级中，有不同的内容设计，也有不同的预设目标，以不同梯次突显活动的开展与学生的成长，见表5-16、5-17。

表5-16 “玉小寻春记”活动内容

年级	活动主题	活动内容
一年级	绿植上的希望年	与家长一起种植一盆小盆栽，观察盆栽的生长情况，感受春天，并在花盆上作画
二年级	美玉草木秀	寻找初春校园的草本植物，通过实地观察、网上查阅等多种手段了解最喜爱的一种植物，并介绍草本植物
三年级	我和小动物做朋友	寻找春天校园里的小动物，通过小组合作完成观察日记，通过分享交流感受春天万物生长
四年级	春天在哪里？	从校园里的春天到教室里的春天，融通各学科（讲春天的故事、演春天的童话、唱春天的歌等）
五年级	让“玉小”与春天一样美	以春天美感受校园美，以自然美领悟人之美。发现校园里学生的文明之美
六年级	春意满园	以春天自然之美创造校园生活之美，通过写春天的诗（毕业鸣奏曲）、植春天的树（毕业感恩季）等美化春天的绿意、丰富校园的春意

表5-17 各年级主题活动目标

年级	主题活动目标
一年级	1. 通过种植小盆栽，培养动手实践能力，促进亲子关系 2. 观察植物生长，养成细心观察的习惯，提升专注力 3. 感受春天，表达春天，形成对春天的认识
二年级	1. 通过实地探究，寻找春天的踪迹 2. 通过网上查阅，培养网上查找能力和资料筛选能力 3. 通过小组合作，培养承担任务的责任和团队精神

续表

三年级	1. 通过对小动物的探究，感受生命成长 2. 通过分享合作，提升团队凝聚力 3. 通过分享交流，培养学生“提出问题、分析问题、解决问题”的综合实践能力
四年级	1. 融通各学科，感受春天的魅力 2. 多种形式展示，展现团队合作能力
五年级	1. 使学生热爱自然、热爱春天 2. 使学生养成良好的校园文明礼仪习惯
六年级	1. 使学生热爱自然、热爱春天 2. 培养学生感恩的意识 3. 提高学生创造美的能力

各年级活动的内容策划与开展都包括实践观察、感受表达、总结归纳三个基本环节，学生对四季的探究过程，就是目标达成的过程。

低年段更侧重于亲身体验，关注学生的直接感受，用“画”的方式则更加突显自然世界与学生感受的融合。

中年段更侧重于学科综合，结合学生对自然四季的感受，加上分享、歌唱等合作形式的表现，让自然四季与学生生活更加贴合。

高年段更侧重于综合创造，在中低年段的基础之上，学生的创造力得到发展，思维能力得到提升。

② 结合四季特点的成长系列活动富含生命气息

四季的轮回体现在学生的六年小学生活中，让学生获得螺旋上升的成长感。因此，各年级的成长系列活动要充分利用四季的独特性，将之作为活动的育人资源，从而与四季轮回一样，具有生命发展的气息。

以“一、五年级手拉手——谷雨时节我入队”活动为例，“谷雨”是庄稼生长的最佳时节，插秧、播种成为最主要的农活。该活动充分挖掘了“谷雨”的内涵价值，赋予其蓬勃生长的蕴意，在谷雨时节举行一年级入队仪式和五年级更换大领巾仪式，不仅让仪式活动更具庄重感，还让活动更具生命成长的气息。

③ 更新内涵认识，使学生综合成长

聚焦学生的成长需要，满足学生的成长需求，往往能够提升活动的效果，带来新的发展。

四年级正是抓住了夏天的“缤纷”和“长”的特点，让“十岁生日会”更具成长价值。

（3）横向的四季生活

前文阐述的是同一主题在不同年段逐渐提高的目标与要求，这里阐述的是同一主题的横向拓展。

① 以年级系列活动为核心，多维度开发育人价值，实现生命成长

以五年级“更换大领巾、承担大责任”的系列活动为例，在这个长达整个学年的系列活动中，五年级学生通过一系列的行动体会“责任”的滋味、感受“责任”的重大。

“更换大领巾、承担大责任”的系列活动由两条活动主线组成，一是“一、五年级手拉手”跨年级交往互助系列，二是结合少年队要求更换大领巾而设计的“承担责任”系列，如表5-18所示。

表5-18 “更换大领巾、承担大责任”系列活动

时间	四季主题	系列活动
6月	缤纷夏天——缤纷夏“长”	四年级学生承接学校”幼小衔接”活动，他们带领即将成为一年级新生的幼儿园小朋友进行小学生活初体验，也是结下深厚友谊的开始
9月	向上秋天——少年向上开学季	为了帮助新生更快认识校园、熟悉校园生活，五年级学生进入一年级各班，“一对一”提供帮助，向他们介绍学校文化、学校地图；带领一年级新生认识学校各角落和各场所
10月	向上秋天	从开学开始，五年级学生就自发为一年级新生的学校生活提供帮助，如“课间一起玩”“岗位我来帮”等，还帮助一年级新生策划年级运动会、梳理学习方法，意在帮助一年级新生养成良好的学校生活与学习习惯
11月	温暖冬至	一年级学生在冬至活动中为五年级学哥学姐送汤圆送祝福、送贺卡送感恩
12月	欢庆元旦	五年级与一年级一同庆贺元旦，迎接新年
2月	美丽家乡年	结合寒假“美丽家乡年”活动，进行跨年级分享，加深友谊

续表

时间	四季主题	系列活动
3月	入队前教育	五年级策划“红领巾来敲门”“闪闪红心照我心”等系列活动对一年级学生进行入队前教育，以加强少先队教育和爱国教育，并鼓励一年级学生努力入队
4月	谷雨时节我成长	经过一年的互助，大同学、小同学都获得了成长，一年级学生获得了入队资格，五年级学生获得了更换大领巾的资格

② 依据学期节律，使成长过程更具深刻价值

在横向的学期发展中，还有很多特殊的节点。

一是开学典礼：开学正值春天和秋天，学生通过“新年新愿望”定下一年的新目标，通过“向上秋天”活动，梳理成长收获，制订新学期计划。

二是期末总结：在期末总结中，学生不仅要梳理一整年的成长与成果，还要制定新的目标，蓄势待发。

三是入学礼：学生从幼儿园踏入小学，是人生中重要的节点，一年级新生通过和五年级学生进行手拉手“校园寻宝”活动爱上小学生活。

四是毕业礼：回顾六年小学生活，展望初中生活，为学生踏上人生新的旅程蓄力。

五是假期生活：学生的假期生活不同于学校生活、家庭生活和社区生活。尽管假期生活与学校生活无直接接触，但学生仍然以各种形式与学校、社区、社会等保持着沟通与联系。学校充分利用假期生活与学期生活的差异性，基于不同年段学生的成长特点，与学生根据生活实际共同策划开展寒暑假特色活动。

表5-19为各年级寒假特色作业。

表5-19 各年级寒假特色作业

年级	活动主题	聚焦点	活动手段	能力素养
一年级	盆栽上的祝福年	种绿植，作年画，感受“年味”	直观体验，感受春节文化	动手实践，养成学习生活习惯
二年级	红灯笼，中国年	制作红灯笼，装扮“新”家		
三年级	压岁钱，财富年	了解“压岁钱”的寓意，通过“合理规划”来憧憬新年	习俗探究，分享交流	分工合作，创新展示

续表

年级	活动主题	聚焦点	活动手段	能力素养
四年级	南腔北调拜大年	交流分享家乡的春节风俗，感受中国传统文化的博大精深	习俗探究，分享交流	分工合作，创新展示
五年级	绘制家乡手册	体验家乡风俗民情，培养热爱家乡的情怀	调查研究，系统梳理	综合创生，动态生成
六年级	我的家乡我的年	运用多种方法了解家乡春节风俗的典故，感受其对当代社会发展的价值		

3.“学生校园四季”活动的实施策略

（1）扎根日常，多元融通，四季灵动

首先，节点活动和主题班队会只是活动发展的“花”与“果”，学生成长的真正体现要扎根日常。应结合学生日常生活，在日常生活中激发学生学习的主动性和创造性，让四季活动灵动起来。

其次，多元融通，就是要将自然世界与学生所处环境相结合，将自然科学、人文艺术和学生的社会生活融合在一起。具体而言，一方面，要强化学科课堂内外的沟通与整合以及学科间的合作与融通，将对自然四季的文化精髓的探究与社会科学生活相结合；另一方面，要充分利用节日活动，让各方面教育更具生长蕴意。

（2）重心下移，多方推进，让四季丰富起来

一是年级负责制。学校的四季活动框架在充分总结与采纳各年级老师意见的基础上，给予各年级活动实践更多的自主空间。各年级通过建立学期系统，指导年级内部开展与四季活动相结合的成长系列活动，并汇报和评价、反思。

二是年部合作制。年级与德育部门合作开展研讨活动，以推动六个年级联动梯次发展，确保学校发展的整体性和生长性。

三是家庭、社区的合力推进，让四季活动更丰富。

（3）立足评价，聚焦成长，让四季主动起来

为了更好地推进学生“校园四季”德育特色活动的开展，学校建立了“美玉”评价体系，从过程性评价、激励性评价和共生性评价这三个维度，进行每学年、每学期、每月、每星期评价。具体如下：

一是过程性评价：成长评价手册。作为过程性评价的成长评价手册，是学校

依据不同年级，立足学生需求、班级生活以及校园四季活动对学生一整年学习和生活的评价，包括自我评价、同伴互评、老师评价以及家长评价。

二是激励性评价：“小美玉争章”“小美玉中队”。“小美玉争章”是面向所有学生的个人性激励评价，在每个学期中，从礼仪、习得、服务、参与、家校五个维度由班主任以及各任课老师进行评价，以促进学生主动参与四季活动。“小美玉中队”是面向所有中队的激励性评价，目的是促进中队对四季活动的系统构建与推进。

三是共生性评价：班级质量奖。班级质量奖是一种共生性评价手段，是全员育人的体现。它激励班主任、任课老师、年级组长、家长等共同投入四季活动，共生共长。

第三节　研讨机制培育促班主任成长

“新基础教育”理论强调要实现“学校教育日常活动方式的更新”，强调“通过革新学生浸润其中的以课堂教学和班级生活为基本内容的日常实践，为每一个个体生命意识的觉醒与生命力的勃发营造良好的成长氛围和发展基础”。这对班主任提出了更高的专业性要求。因此，班主任的专业成长平台尤为重要，日常成长需求更是落在学校的班主任研讨上。但是多年来，班主任研讨却一直存在这样那样的困难，无法真正聚焦班主任的专业成长。一次校际交流的班主任座谈会中，主持人请在座的班主任们用一个词来概括自己的工作角色，大家众说纷纭，但基本上都聚焦在“服务”与“奉献”上。班主任工作确实是一份伟大的事业，无私奉献的班主任们日复一日孜孜不倦地育人。然而，在我国社会教育改革纵深推进的大背景下，班主任工作面临着前所未有的挑战，班主任要具备“研究学生的能力、系统构建的能力、动态生成的能力、综合融通的能力、学习力”等专业能力，仅凭无私奉献，根本无法推动班级生活重建，更无法实现自身与学生共生共长的专业发展。因此，学校有必要开展以班级生活重建为载体的研讨活动，并在不断实践中形成符合学校实际发展的研讨机制，从而良性推动班主任成长。

一、在反思中形成新立场

改革实践可以从对原有理念的反思与重建开始。学生工作的变革，重心在于班级日常生活的重建，在于班主任专业成长的状态，然而，反思过去，作为班主任专业发展至关重要的日常研究，仍存在不少可以改进和值得深入研究的问题。

（1）在组织层面，由于缺乏理论指导，学校的学生工作研讨活动明显有以下不足：一是频度偏低，缺乏长程性的构建。一项关于玉律小学班主任研讨活动的调查结果显示（如表5-20所示），2011—2013年，共开展校级班队活动4次、沙龙2次、研讨活动（学期工作总结）6次，日常研讨活动并未开展，就研讨频率来说，是远远不够的。在主题的呈现上，无论是班队会还是沙龙活动，都是散点活动，缺乏长程性的构建，且局限于德育和问题管理。至于学期工作总结，也只是堆列流水账。二是推进乏力，缺乏多元化评价。学校对班主任工作的评价停留在班级管理层面，评价单一，注重结果，忽略过程。例如，对“优秀班级”的评价基本是“纪律常规优良”“学习成绩突出”等。

表5-20　玉律小学班主任研讨活动统计

时间	校级班队活动	沙龙活动	日常研讨活动	学期工作总结
2010—2011 年	1 次	无	无	2 次
2011—2012 年	1 次	1 次	无	2 次
2012—2013 年	2 次	1 次	无	2 次

（2）在实践层面，由于缺乏引领力量，班主任研讨的目标不清晰，常常出现各种问题，对学校现任20位班主任2010—2013年参加班主任研讨活动的意愿进行调查，结果显示，只有25%的人积极参加活动，15%的人认为研讨活动对班主任工作及自身成长非常有帮助，见表5-21、5-22。

班主任研讨活动主要存在以下问题：一是对话不足，缺少开放式的互动。查阅2010—2013年班主任研讨活动记录，就会发现至少存在两个方面的问题，一方面是研讨时，少数人在说，多数人在听（或许没有在听），缺乏多角度的对话、新思维的碰撞和新思考的生成；另一方面则体现在“师徒结对”方面，基本上是师傅说什么，徒弟就做什么，缺乏双方的对话与互动。

二是聚焦模糊，缺乏深层次的探究。班主任研讨活动中，常常出现研讨问题不聚焦的情况，大家无法就聚焦的问题形成集中的思考与讨论，对具体实践操作的指导价值不高。

表5-21　20名班主任对研讨活动的意愿调查

意愿	积极参加	从众参加	不愿意参加	无所谓
人数	5	5	4	6

表5-22　20名班主任对研讨活动的评价

评价	非常有帮助	一般，比较难实践	没什么帮助
人数	3	12	5

（3）在班主任层面，由于缺乏动力与评价支持，班主任对于自身的发展意识比较淡薄，主要体现为以下三点：一是思维方式上的封闭，认为一名优秀的班主任就是用手段和技巧把班级管理好，用爱心和耐心感化差生，用责任与担当把任务完成好，就足够了，心里只想到“要我做什么”，而缺乏“我要做什么”“我能做什么”的主动发展思维品质；二是学习方式上的封闭，生搬硬套的学习方式比较常见，特别是生搬硬套老教师的经验；三是实践方式上的封闭，重心过高，学生立场缺失，没有充分考虑学生的成长需要。

基于以上反思，要使班主任在有效的研讨活动中获得专业成长，需要学校的学生工作立足于班主任的专业发展目标，形成良好的机制。

二、骨干领导——引领与实践机制建设

李家成教授针对学校学生工作发展机制提出了自己的观点：“在学生工作领域，长久以来重复性、上传下达的运行机制，已经极大影响了该领域的内涵发展；创生富有教育学内涵与学校个性、能够促成学生工作健康发展的机制，势在必行。”

在“新基础教育”理念指导下，学校以班级日常生活重建为实践载体，不断变革形成学校班主任专业成长新生活，并创生出具有学校特色的班主任研讨机制。在三年的实践过程中，班主任研讨机制作为研究性的成长机制，逐步萌发、成长。

要打破固有的思维和经验，获得新的成长，首先就要“破而立新”，要有先行者走出第一步，要有第一责任人来推动探索的不断进行，也要有扎根于研究学生年段发展需求的年级责任人。

第一，学生工作第一责任人应带动整个领域共同研究。《“新基础教育”学生发展与教育指导纲要》①一书中提出：学生工作责任人应积极促成新基质的萌发、生成，并且在新的可能性出现后，利用各类资源，促使它发展。那么，作为学校学生工作第一责任人，是以什么样的角色，投入这场变革实践？首先，学生工作负责人需要转变观念，从发号施令布置任务的管理者转变为班主任班级建设的合作者与推动者，融入班主任的专业成长过程，在共同的理论学习、实践研究、反思重建过程中促进班主任成长、促进自我成长。其次，在学校活动的系统构建上，要带动班主任共同参与，并且让学校活动真正成为班级建设的方向。例如，学校在设计四季活动时，以年级为单位，研究学生发展需要，设计具有不同年级特色的节气活动、节日庆典、学校节活动等。

第二，第一梯队骨干班主任带动一批班主任成长。骨干班主任的培养是学校学生工作转型变革的突破口，因此促进骨干班主任的成长，带动梯队发展，就显得尤为重要。首先是骨干班主任先行，进而带动全体班主任成长；其次是寻找特色，进行品牌引领。

学校加入“新基础教育”改革的第一年，逐渐形成“2+5+n”的班主任研讨小团队，即以两位骨干班主任为主体，与来自各个年级的五位班主任一起研讨，形成以骨干班主任专业成长为核心目标的初级研讨小团队。第二年，在第一梯队两位骨干班主任稳步发展的前提下，学校着重促进第二梯队、第三梯队班主任的成长。三个梯队班主任组成了学校的“核心研讨团队”，形成学校班主任专业研讨的引领力量。第三年，全体梯队班主任组成“新基础教育”普查导师团，指导帮助全体教师学习理论、开展班级建设，获得了良好的效果。到了第四年，班主任开始在原有的发展基础上，对每年加入的新班主任进行一年一次的“新班主任普查”，希望借助普查，推动学校学生工作研究的“全、实、深”。在这个过程后学生工作团队反思发现，一些日常班级生活中出现的问题，在多次研讨中，并未真正得到解决，重建过程似乎已经变成了固定机械的流程，且显得十分散乱。

---

① 参见李家成、王晓丽、李晓文：《“新基础教育”学生发展与教育指导纲要》，广西师范大学出版社2009年版。

随后，学校把重点放在关注班主任的思维是否真正转变，研究是否真正自觉，日常工作是否真正扎实等问题上。为了解决该阶段出现的问题，学校成立了由四名骨干班主任组成的“班主任成长工作室”，并以校级课题带动专题研究。

以徐苗佳老师为例，从四年级开始，除了日常的班级建设工作外，她还对班级主题活动进行探讨，通过学生调查等方式生成主题活动，做实做深。例如，她的班级以“我的零花钱我做主”为主题，从校内办跳蚤市场发展为社区进行爱心义卖，并向社区基金会进行爱心捐款；到五年级时将主题活动升华为“班级银行”财商主题活动，学生们从争着想做行长到自发组织“赚钱俱乐部”“花钱俱乐部”“理财俱乐部”，各种能力都得到了提升；六年级时，“班级银行”升级为“财商学院”，开展“爱心基金”义卖活动，进行“融资”，以“分红”方式吸引家长与社区商家投资；最后，“财商学院”并没有随着学生的毕业而消失，而是成为学校新的学生组织，成为徐苗佳老师带领班主任团队继续开展研究的特色项目。

第三，年级第一责任人组织开展年级实践研究。在年级层面，以年级负责人为组织者，以梯队实验教师为引领者，开展日常研讨及活动设计。日常研讨如阅读理论书籍，研究年级学生发展特点和发展需要，开展听评课活动及读书沙龙活动；活动策划如体育节年级活动策划、假期作业设计、年段节点活动策划等。

例如，体育节活动重建从年级开始，改变了以往体育节等于两天体育比赛的活动形式，以“一段有趣的体育生活体验”为目标，以年级为单位，以全体学生参与为原则，以自主策划或者手拉手策划为手段，提升学生组织策划能力，培养学生参与体育活动的兴趣，突出学生年段成长特点，实现育人资源综合融通。在年级老师和学生共同设计策划下，形成了体育节中的年级运动会。

再如，各年级形成了学生成长六大节点并围绕这些节点进行活动专题研讨，每个活动都是学生一年学习生活的发展主题，例如，一年级结合少先队入队仪式，开展养成学习习惯等活动；二年级开始建立小队，以小队展风采的形式，展示或评价二年级的生活；三年级开始建立班委，通过班委的选举、班歌的选定或创编，以及一系列班级建设活动，达到阶段育人的目标。

三、前移后续——实践与推进机制建设

教育的目的就是要让学生更好地发展自我，而学生发展工作离不开班主任们的共同努力，“新基础教育”提倡“生命自觉”“在成事中成人”，归根结底，就是关注学生和教师的发展。如何使更多的班主任在与“新基础教育”产生交集的过程中，将新的理论形态由外向内地进行实践转化，并创生出新的实践？为了切实提高学生发展工作的质量，最大限度地发挥研究资源对班主任团队成长的促进作用，我们在日常的“新基础教育”研究实践推进过程中，注重重建班级日常生活，在时间上采用“前移”和“后续”的方式进行扎实、有效的研究。前移后续研讨活动分为“前研究”“中研究”“后研究”三个阶段进行。

1. 前研究：在理论学习中开展实践

“新基础教育”是理论与实践紧密结合、相互依存和创生性的研究。在改革的过程中要让理论转化为实践，要让实践促进理论的提升。研究需要复杂性的思维方式，要在研究的过程中不断生存，这是“新基础教育”研究的特点。据此，在进行“新基础教育”研究实践探索之前，理论学习便是基础，基础不牢，实践便无法实施、推进，从而体现不出复杂性和创生性。于是，我们开始认真学习“新基础教育”相关理论。研究伊始，学校以《“新基础教育”论》①一书为统领，为每一位班主任提供学习材料，我们通过导读、荐读，利用例会研读、沙龙讨论、网络信息平台、读书交流等多种形式，结合平时所做的班级管理和学生工作进行分析研究。以认真学习“新基础教育”理论为首要任务，仔细研读有关学生工作和教师、班主任发展的“新基础教育”理论著作，逐步加深对“新基础教育”理论提出的“当代中国学校转型性变革的内涵分析”“班级建设改革”“儿童成长中的学校教育使命”“‘新基础教育’学生工作研究策略”的理解，领会目标重建、教育观念的系统更新、“班级”概念的内涵演变和多维解读等理论知识。对照“新基础教育”的理念，反思和剖析学校学生发展工作的现状和存在的问题，重新对各年级学生发展工作的特点、职责及功能进行研究和定位。学校领导班子为促进班主任专业成长，将学生发展工作落到实处，做好学校层面的制度

① 参见叶澜：《“新基础教育”论》，教育科学出版社2006年版。

保障工作，将每周一设定为班主任学习研讨的固定时间，以多种方式促进班主任之间在“新基础教育”理论学习方面的沟通交流，营造积极、和谐、良性竞争的研讨工作氛围。学校学生发展中心以班主任专业成长为核心，调研班主任工作现状、发展需求和研究意向，制定并完善班主任研修规划，成立校级学生发展工作团队和年级班队备课组，形成研究梯队，同时建立家委会，营造良好的舆论氛围。在学校领导的关怀与支持下，班主任学习热情高涨，开始结合理论学习来重新审视“班主任的烦琐工作”，努力朝着做一名“智慧型”班主任的方向迈进。

“新基础教育”的理论学习必须通过做来体悟，实现理论与实践的滋养。“纸上得来终觉浅，绝知此事要躬行”，“新基础教育”就得靠实实在在地做来实现，仅靠理论学习是不够的。“新基础教育”研究中，最难、最关键的是老师如何将理论内化，进而将内化了的理论具体化为自己的教育教学行为，并将这种实践行为渗透到日常的课堂教学和班级建设中，成为日常化的自觉行动。老师只有通过自身不断实践体悟和反思重建，才能做到这些。于是，老师们开始了“边学理论边进入改革实践”（包括节点式的现场研讨和自己日常的教育实践）的学习模式，并结合理论进行反思，重建，再实践，再学习，反复磨炼，从而实现能力的螺旋提升。

在实践探索初期，虽然老师们已经阅读过不少关于“新基础教育”理论的著作，但谁的心里都没有底，每个人都抱着“试试看”的心态“摸着石头过河”，第一梯队的刘丹妮、徐苗佳两位班主任身先士卒，她们依据“新基础教育”发展性研究阶段的宝贵经验，感悟之前研究者的研究成果，开始有意识地在班队会、班级建设、班级管理等方面进行实践探索，将理论逐步内化为自身的管理和教育行为，逐步改变自身的学生发展价值观和过程观。在尝试的过程中，两位班主任继续强化和深入学习“新基础教育”的研究成果，发挥骨干的引领作用，带领全体班主任通过对《“新基础教育”学生发展与教育指导纲要》的学习，让“聚焦学生成长需要，实现成长教育系列性、有机性和活动的育人价值”成为全体班主任努力的方向与实践的追求。如今，我们的学生工作研讨团队逐步壮大，学校成立了四个班主任工作室，每一个工作室都有着各自独立又相互关联的研究专题，骨干班主任的辐射作用越来越大，许多班主任在这样的学习研讨中得到了极大的锻炼与提升，成为学校学生工作研究团队的中坚力量。

每一个新学年的开始，由骨干班主任引领全体班主任结合本班实际和学生的特点进行班级系统构建，并形成学年的系列活动，将研究落实到日常。在这样的常态化研究中，班主任注重学生班级日常生活质量的提升，关注每一个学生的发展，不再只是注重思想说教；在班级建设中着力体现学生的创造性和特色，不再是个别优生在班主任的指导下替代全体同学进行展示；在班级管理中师生共同参与，不再由班主任一手包办或者指定。在班级岗位建设方面，学生自主设置具有广泛性与动态性的小岗位，每一个学生都能拥有自己的岗位，并在岗位服务中培养自身的责任感和集体荣誉感，由“要我做”变为“我要做”而且还要“努力做好”的良好发展态势。班队活动开展方面，老师们积极组织每一次班队活动，学生主动参与活动的策划与设计、实施与推进。在实践探索的过程中，我们尊重学生立场，努力给孩子们提供展现自我的舞台，锻炼孩子们与人交流和合作的能力。与传统的班队会相比，班队会不再是班主任抛出问题后再一味地说教，而是“把班级还给学生”，学生自主参与班级管理和建设，极大地体现了学生的班级主人翁意识，班级充满了成长的气息。全体班主任以“小美玉少年”培养目标为主线，围绕这一目标开展家校联动的各种主题教育活动，一方面消除岗位建设、班级建设和校园文化建设之间的隔阂；另一方面将学生发展工作与各学科教学进行融通，致力于推动学生主动、健康发展。

节点式的现场研讨活动是对班队会常态化研究最有效的检验方式。日常教育实践做得如何，是否行之有效，节点式的研讨课能更有效地帮老师们“捉虫”，找出问题所在，指明整改方向，也能够极大地促进班主任的专业成长。虽然研讨课只由一位班主任进行现场呈现，但并不是某一个班主任孤军奋战，而是整个班主任团队一同作战，其中凝聚了大家的智慧和心血。研讨课也不是随性而为，俗话说“良好的开始是成功的一半”，活动主题的选择是关键。以黄凝老师的四次研讨课为例，第一节“我为静园‘点睛命名’”以语文学科教学中的语文园地为触动点，结合学校校园文化建设，利用班队会为学校新建的静园中的景观命名，学生们的表现可圈可点，其中，因流水似光阴易逝，于是将瀑布命名为“光阴瀑布”，令人颇为赞赏；第二节“我的校园舞我做主”以该班自创自编的舞蹈成为校园舞为契机，大力推广学校校园舞建设，极大地锻炼了学生的语言表达和考察调研的能力；第三节“我的歌我做主”恰逢学校合唱比赛，老师将歌曲和表演方式的选择权都交给学生，师生共唱《和你一样》，在校园里刮起了一阵自主、独立的清风；第四节“手拉手，向前走”正值学校开展“大手牵小手”活动，五年级孩子与一年级小朋友共同参与，牵手共度小学美好快乐的生活。再如，国曼丽老师带领五（4）班的“小美玉”们，针对班级面临的实际问题，围绕“男生篮球赛”展开了一场“篮球赛总结会”，通过迎战五（2）班的“挑战书”，形成了新的训练方案，还通过团结互助，进一步提升班级的凝聚力。从以上活动主题选择来看，并没有刻意选择某一个专题，而是结合班级日常生活，为了满足学生现阶段的发展需求或是为了解决实际中存在的问题。由此可见，班会课不需要为吸引眼球而哗众取宠，也不需要为了完美而绞尽脑汁，而应从学生的实际需求出发，真实呈现学生的成长状态，解决实际存在的问题，从而促进学生发展。

班队会内容一旦选定，是不是就可以放任学生自由发挥，随意创造？并不是，学生的思维能力毕竟有其局限性，在班队会最终呈现之前，老师不能放任不管，任其发挥，而应介入指导，对于学生汇报交流的呈现方式，要求学生一起商量、研究讨论后再最终确定。比如，徐英老师的“樱桃电视台”打破了固定的由老师引导学生的形式，改为采用学生主持新闻播报的方式，形式新颖，让人眼前一亮，也贴合该班的特色。

除了节点研讨课，在学生工作研究方面，学校也有自己的研修模式，每周一下午班队会之前，所有班主任针对研究内容，查阅资料或主动备课，提前做好研讨准备，这样做的目的是提高每一位成员的积极参与度，使每一位参与者的体验、收获更加丰富。之后，结合年级特点和班级自身实际进行研讨后再重建，谁都不会置身事外。集体的智慧是无穷的，只有大家的力往一处使，才能更好更快地推进我们的“新基础教育”研究。

2. 中研究：带问题、看资源、聚专题、思重建

一是带问题，包括对理论知识的阅读认知、对专题活动的实践认识、对问题的思考。

无论是现场研讨，还是校内自发组织的研讨课，对于参加“新基础教育”研究的班主任而言，都是非常可贵的研究资源，可从中获益良多。

对于执教者而言，我们可以通过教育实践来加深对理论知识的阅读认知、对

专题活动的实践认知，从相互讨论、交流中发现平时所做的学生工作中存在的问题，从而调整策略，对症下药，这对于学生的发展大有裨益。

而无论是听课还是评课，现场学习都是身临其境、置身其中的参与式学习，它区别于阅读理论著作的学习方式，能给老师们带来非常具体、真实的教学观感。听课前，老师们首先拿到的是执教老师精心策划的活动方案，以“旁观者”的身份进入课堂。老师们在认真阅读活动方案中的每一个版块时，开始设想“如果我来开展同样的活动，会以什么样的方式”“这一环节，这个老师将会如何处理”“这个活动主题从何而来，它的目标是否能达成”“教师针对这个活动，前期做了哪些准备工作”等，脑海中会形成不少疑问；紧接着，带着这样的疑问走进课堂，会比单纯地听课、评课高效得多。在听课和评课的过程中，还会带着问题开展多维度的思考与比较：结合理论知识审视上课班级学生的成长状态；将自己班级学生的日常生活和上课班级的学生进行比较；对专题活动的实践形成新的认知，并对相关问题进行思考；深入分析此次班队活动背后隐含的教育理念，而非仅仅观课欣赏，也绝非停留在套用理论来实践操作的学习阶段。如此，才有可能做到“在对别人的经验移植中发生变化”“在对自主实践的经验提炼中进行创造”。在被听课的过程中，授课老师也会带着问题走进课堂，真实地呈现学生的成长状态，将学生的班级日常生活抽丝剥茧。授课老师不害怕被评课，不害怕被“捉虫”，因为没有人知道“这样做究竟对不对”，但“不试试又怎么知道”？参与“新基础教育”研究的班主任需要这样大胆尝试的精神，在问题中得到成长，在尝试中寻求突破。

二是看资源，包括学生认知的资源、教师引导的资源、动态生成的资源、主题系列的资源、班级生活过程的资源。

从传统的理念来看，小学中的一些教育资源主要是一些教育工具、设备，而“新基础教育”注重多元资源的开发与利用，从中挖掘和提升活动本身的育人价值，为今后的学生工作开辟新的路径。从“新基础教育”理论出发，老师们并不局限于外部客观存在的物质资源，还有学生认知的资源、教师引导的资源、动态生成的资源、主题系列的资源、班级生活过程的资源等，都是做“新基础教育”学生工作方面需要关注的资源。“把班级还给学生”要求我们尊重每个孩子的立场，让我们倾听每个孩子的心声。有时，看似生活当中的一件平凡事，却蕴含着丰富的教育资源。如果我们用心开发，就能对孩子的生活技能产生积极的影响。学生是有生命力的个体，学生工作也没有统一的标准。也正因为如此，为老师们提供了更大的创造空间，也能催生出更多的教育智慧。只要我们舍得花时间和精力去研究每个孩子的特点，欣赏每个孩子成长过程中的感受和见解，就会发现所有孩子都会在我们的帮助下实现提升。如何在重建班级日常生活的过程中看待这些资源并利用好它们，需要参与研究的班主任们有一定的思维能力和敏感意识。

与学科研讨课类似，班主任在精心策划、设计每一次班队活动之前，会认真分析学生存在的问题和实际状况（包括认知和思维能力），在活动目标中写明期待本次班队活动提升学生哪方面的能力，解决班级日常生活中的哪些问题。活动中，老师与学生的互动，学生之间的互动，老师对学生汇报交流的引导，这是一个动态生成的过程，是我们在设计活动方案时无法预料的，动态生成的资源需要班主任及时捕捉和利用，它的育人价值有时会高于活动本身。班主任凭借对于班级日常生活的关注，再结合四季活动，同时考虑班级实际，形成一个个主题系列活动，在大系列中又有小系列，这需要班主任有整体性和系统性的思维。而听课老师能从课堂上播放的回顾场景（以图片或视频的方式）中了解整个班队活动的前期准备工作，纵观整个班级生活过程。

除学校外，家庭、社会也是教育的两个重要场所，其中蕴含着丰富的教育资源，班主任必须重视利用这两方面的资源，使得学校、家庭、社会三者都能有效地参与学生的成长和培养，发挥联动效应。我们的班队活动和日常的教育教学有时也会利用家长资源，比如，我们将学生生活延伸到社区，周末开展义卖活动，对义卖所得的款项再加以合理运用，着力对学生财商的培养，这一研究在校外资源的开发与利用方面起了示范所用，同时也在提醒我们思考和探索：社会资源怎么用？老师们在“新基础教育”理论的全面指导下有针对性地、科学地对这些资源进行开发和利用，不仅可以促进学生全面综合成长，提升学生综合素质，还能拓展课堂教学，提高教学质量。

三是聚专题，即聚焦问题，开放对话。

每一次节点式的现场研讨，都会收到一定的效果，因为每一次都聚焦了问题，如岗位建设、活动设计、文化建设等。每一次研讨课结束，老师们最期待的就是如“华山论剑”般的评课和“和风细雨”般的专家指点。执教老师会在评课前进行简单的活动介绍和说课反思，让参与研讨的老师对这个活动的长程性和系列性有更清晰、更深刻的认识，并提出自己的疑惑供大家探讨。紧接着，是班主任代表发言，发言内容不是只针对这一节课，而是针对整个系列活动。另外，如果都是泛泛而谈，则会极大地浪费研讨时间，因此为了提高研讨质量，我们会在评课前提出一个聚焦的问题，围绕这个问题展开开放式的对话交流。无论是执教老师，还是听课老师，都会将自我融入整个过程，这样的立足点，构成了参与研讨人员的内在生长力，带来完全不同的效果。老师们结合现实教学，主动思考，并和其他学校老师进行比较，从中发现差异，为接下来的课堂重建做准备。整个评课过程中，老师们以结构化的发言方式进行，先提出点评主题，再分为几个关键点展开，有聚焦，也有开放。在这里，老师们都是参与者，大家平等对话，在多维度的互动交流中进行思维的碰撞。最后，老师们在专家的指导下，发现问题和差异，并继续进行深入的探讨和研究。

四是思重建，这是研讨质量的体现，形成经验的关键。

在专题研讨过程中，老师们的评课并不是单方面地进行，即不是授课者单方面地接受评课者的点评，授课者和评课者之间会互动交流，双方各自提出自己的见解，供全体参与研讨的老师们一起探究。在这里，没有谁对谁错，老师们在交流中汲取对方的见解，这是研讨质量的体现，也是形成经验的关键。有不少青年老师将自己上课的反思、观后感或经验见解撰写成文，篇篇皆可以称为学生工作研究中的经验之谈，有助于后来参与研究的老师们不再如探索初期那般迷茫。校内部分班主任的案例成功发表于国内各类教育教学报刊，成为后续研究者们学习或借鉴的宝贵材料。

3. 后研究：深入反思与重建

“新基础教育”中的“二度反思和重建”，是老师在听取和吸纳别人的评课意见后，主动进行整合，从而提升自己在实践中的学习和领悟能力。每一次班队会结束后，老师们都以年级为单位进行探讨，交流意见，以便在二度重建中产生新的想法。

（1）班级生活推进

一次研讨课结束，不等于整个班队活动的结束，应使它成为长程性和系列性的活动。活动不仅是聚会，更是为了解决问题，可以丰富学生的班级日常生活，并引导学生在活动中提升能力。

（2）创生新质，形成经验

这种新型的“前移后续”式的研究方式，让更多的“旁观者”变成“亲历者”，使全体班主任在自主参与改革实践中经历教育资源的搜寻、组织、储存、转换、分享、运用的过程，进而转变观念，发展自我，也突显了合作共生的教研文化。同时，班主任也感受到将“新基础教育”理论转化为实践创造的成就感和幸福感，对自我生命成长有了更加深刻的认识，其中的佼佼者也成为“新基础教育”研究的中坚力量和学校“新基础教育”研究工作的带头人。

四、生活四季——保障与创生机制建设

春生、夏长、秋收、冬藏，四季有其独特的美丽，校园生活也有着独特的魅力。在一年四季的校园生活中，班律小学的班主任们不断成长，形成了独特的“校园生活四季”。

1. 序曲：“班级系统构建”研讨系列活动

每年9月，班主任通过年级组会议上的讨论，制定本学年的班级系统构建方案。班级系统构建包括本班中队名称、口号、学情、发展方向、特色活动等。通过此系列活动，明确班级成长目标，新建或者聚焦重建班级特色，有利于班级、年级、校级一整年学生活动的综合融通。

2. 美玉春生：班主任节

阳春三月是春暖花开的春分时节，玉律小学班主任节系列活动拉开序幕。班主任们自主申报不同研究程度的“创建班级特色生活班主任”，自主申报“璞玉”“琢玉”“美玉”班级，以促进个性化班级的创生，提高班主任专题研究自觉性，提升班主任角色自豪感与团队共生合力。

（1）重建学校交往关系

付出关怀与呵护的，不一定只有班主任，也可以是学生。学生们在班主任节中通过国旗下表白、赠送班主任卡片等各种方式，展现他们对班主任的爱与关

心，通过班主任节不断强化学生们的感恩意识，进一步明确班主任在学生成长中的重要性。

（2）重建班主任与任课老师之间的关系

任课老师带领班级学生，为班主任创造了许多幸福瞬间，带领班级学生开展社会实践活动，促进了班主任与任课老师之间的了解、合作，也使任课老师与学生之间的关系发生了微妙变化。

（3）重建班主任与学校之间的关系

可以采取校领导为班主任送祝福、对班主任的家属表达感谢之情以及各部门向班主任致以节日的祝福等方式强化班主任与各部门之间的关系。

（4）重建班主任与家长之间的关系

“暖玉家委会”组织了一场“暖玉对话，携手共生”主题座谈会，以夯实家校合作基础，拉近家长与班主任的距离，座谈会为家长与班主任的交往增添了灵动的力量。

（5）重建班主任与班主任之间的关系

班主任节活动中，班主任们展现出相互欣赏与积极学习的一面，日常工作中更是相互促进与共生，一起成长。

（6）重建班主任与自我的关系

班主任节活动中，班主任们静心思考，不断进行自我对话，明晰成长的方向。

通过一年的实践积累，班主任们总结经验，反思不足，形成班级建设案例，并思考发展目标。

3. 探索秋高：班主任研修班

（1）专家引领，目标清晰

玉律小学十分重视对班主任的培养。年级组定期组织学习“新基础教育”理论，同时，每学期开展三次区级班队会研讨课，在观摩课程的过程中，接受“新基础教育”理论专家李家成教授的指导。在2018—2019学年，学校聘请深圳本土名班主任王怀玉老师进行了三次指导教学。王怀玉老师以教学叙述写作为抓手，引导班主任们进行班主任工作研究，班主任们深受启发，写了不少佳作，不少文章在国内著名期刊发表。

（2）交流沟通，合作共生

29位班主任组成了四个工作室。每周一下午，工作室成员对于近期班级工作中出现的问题进行讨论与分享，班主任间进行思维碰撞，在交流与沟通中，不断萌发解决班级问题的新思想与新方法。

4. 蓄力冬藏：班主任年会

班主任是学生班级生活充满生命活力的关键人物。近几年，玉律小学班主任团队在“新基础教育”理念引领和专家指导下，扎根日常班级建设，与学共同努力创造班级新生活，获得了一定的成长，如班级生活的自觉构建、师生自我成长的积极研究；同时，团队的生命力也体现在骨干力量的不断突显和新生力量的不断出现上。基于日常的实践和研究，在年末进行学期总结，分享学期所获得的成长。这对于班主任的成长与发展有着十分重要的意义：一是更聚焦班主任能力发展的研究，积淀研究成果；二是以节点促长程，提升“长程”的品质；三是理性交流与感性对话综合融通，促进自觉创生。班主任年会主要有以下活动：

（1）班级成果分享

各班主任结合所教班级一学期来的系统构建、日常班队活动、案例研究等方面相互交流学习。在几年的实践探索中，学校生活重建不断创生，从横向来说，以四季的流转为背景串起一条丰富多元的成长线，梳理出“美丽春天”“缤纷夏天”“向上秋天”“温暖冬天”四个系列活动；从纵向来说，在实践过程中，逐步形成学生成长六大节点：一年级“谷雨时节我入队”、二年级“小队go go go”、三年级“我的班级我做主”、四年级“十岁成长礼”、五年级“更换大领巾、承担大责任”、六年级“蒲公英的梦想毕业季”。

（2）成长中的表白

班主任通过一张张卡片表达对身边同事的情感，有新老师对大家帮助的感恩，有同事之间的欣赏赞许，有相互的关心叮咛。感性的真诚表达和理性的经验分享交织在一起，老师们有的热烈交流，有的开怀大笑，有的感动流泪。

老师们打开心扉，一个个成长小故事，一幕幕合作帮扶的细节，一份份携手前进的情谊，在对话中不断重现。感性的表达是成长的情感需求，它和理性研讨一样，都给予团队携手同行的精神力量。

（3）展望班主任节

班主任年会活动的第三个环节，是班主任表达对即将在来年春分时节开展的“美玉班主任节”的期望，各年级班主任派出代表，发表前期年级讨论形成的想法与建议，主要体现在活动开展的形式、班主任评价的方式以及对于成长平台的需求等方面，大家的分享使“班主任节”的形式与内涵得到丰富。

蓄力求突破，冬藏望春生。随着“班主任节”的常态化，班主任团队希望继续扎根班级日常，努力实践，待来年生机勃勃的春天，继续生长，步入一个崭新的阶段。